信仰

拯救

危机

言　胜◎著

中国财富出版社

图书在版编目（CIP）数据

信仰拯救危机／言胜著．—北京：中国财富出版社，2017.1

ISBN 978－7－5047－6324－2

Ⅰ.①信…　Ⅱ.①言…　Ⅲ.①信仰—研究　Ⅳ.①B92

中国版本图书馆 CIP 数据核字（2016）第 284689 号

策划编辑　姜莉君　**责任编辑**　单元花

责任印制　方朋远　**责任校对**　孙会香　孙丽丽　张营营　**责任发行**　邢有涛

出版发行　中国财富出版社

社　　址　北京市丰台区南四环西路 188 号 5 区 20 楼　**邮政编码**　100070

电　　话　010－52227588 转 2048/2028（发行部）　010－52227588 转 307（总编室）

010－68589540（读者服务部）　010－52227588 转 305（质检部）

网　　址　http://www.cfpress.com.cn

经　　销　新华书店

印　　刷　北京京都六环印刷厂

书　　号　ISBN 978－7－5047－6324－2/B·0514

开　　本　710mm×1000mm　1/16　**版　　次**　2017 年 1 月第 1 版

印　　张　11　**印　　次**　2017 年 1 月第 1 次印刷

字　　数　158 千字　**定　　价**　35.00 元

前　言

从原始社会开始，人们对宇宙的认识、对人类的认识、对物质的认识、对精神的认识等，就处于不断地变化、提高、发展与完善之中。而基于认识的善恶观的演变，伴随着人类整个发展过程。在历经几万年演变后的今天，人们对事物的认识仍然处在一个不断地变化、提高、发展和完善的过程当中，善恶观的演变也在继续着。

当今中国社会，30 多年的改革开放及今后将进行的“全面深化改革”，表明正在从传统走向现代，这是人类历史发展要求的一个缩影。但在这个过程中也不可避免地会发生种种问题。由于科技的进步，经济的发展，传统价值观念遭受冲击，西方流行文化侵袭人们生活、工作的各个层面，社会风气败坏、信仰危机、自我本位、自私自利、贪图享受、环境污染等，已严重威胁到社会和谐。这些问题有的是由于历史和自然条件积累下来的，有的是在计划经济体制向市场经济体制转轨的过程中产生的，有的是由于当时人们认识的局限性以及改革不到位造成的。建立适应社会主义市场经济需要的新的善恶观念，已经成为一项严峻的任务。

现代社会中出现的伦理及善恶问题，虽然不能尽由传统文化来补充和解决，但传统文化中的优秀、积极的成分，却可以克服工业文明带来的非人化、工具化倾向，提供精神上的警示和指导。这是符合人类历史发展要求的。那么，如何来拯救我们这个存在问题的社会呢？

在古代，儒家讲“嫂溺援之以手，权也”。有人就诘难孟子，既然“嫂溺”都可以“援之以手”，那么今天下大乱、黎民涂炭，为何不伸出援救之手呢？孟子的回答相当精彩：救天下要用“道”，而不是用手，用手是不能拯救天下的。用道拯救天下中的这个“道”，就在我们中国的传统文化中，“文以载道”所讲的就是这个意思。

信仰传统文化，拯救社会危机！这正是本书的主旨。

作　者

2016 年 10 月

目录 CONTENTS

信仰拯救危机

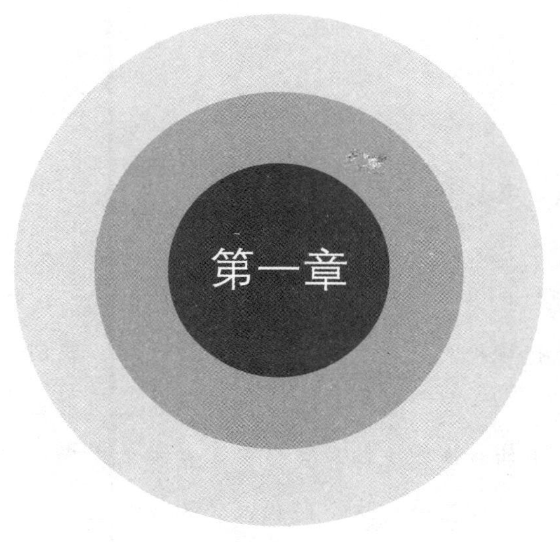

好的时代，还是坏的时代

查尔斯·狄更斯是19世纪英国最杰出的小说家，他所处的年代各种思潮涌现，人们在社会变革中或惶恐、或惊讶、或喜悦，因此他在自己的长篇小说《双城记》的开头就写道：“这是最好的时代，这是最坏的时代。”当我们用这句来打量我们置身于其中的这个时代时，我们会发现这是一个极不平衡的时代。一方面，科学技术空前发展，物质财富极大丰富；另一方面，科技发展下的物质富有却导致很多人精神的空虚。我们这个时代是好的时代还是坏的时代？分析这个时代，是为了帮助人们正视现实，扬长避短，谋求新的发展。

正视发展背后的社会隐忧

自 1978 年从“摸着石头过河”开始进行改革，到当前中国全方位、宽领域的对外开放格局的形成，我国的经济发展取得了巨大成就，成为世界第二大经济体。当然，作为一次历史性的创新实践，改革开放不可避免地会存在这样或那样的问题，面对这些问题，我们不能着急，应该总结经验去解决问题，只有这样才可以在迅速发展的同时不会出现严重的漏洞，实现有效的、持续的发展。

1. 改革开放的成果

改革开放给中国人带来了巨大的变化。以下从衣食住行用等几个方面具体阐述。

衣：由穿暖到个性化。改革开放前，由于经济发展水平较低，商品供应严重匮乏，人们买衣服要凭布票，且数量有限，色彩和样式单调。所以，当时的人们都穿着千篇一律的灰色中山装或蓝色解放装，被形容为“蓝色的海洋”。

改革开放后，随着物质的丰富和思想的解放，人们的衣着变得丰富多彩，不少人穿上了名牌服装或时装，服饰已不仅仅是御寒的工具，更是人们显示风度、展示个性的方式。

30 多年来，城乡居民消费生活变化最快、最大的是服装。不仅衣着数量大幅增加，而且穿着质量明显提高，服装功能也由过去的单纯遮体御寒演进为体现个性化的审美意识与塑造自我形象。

食：由吃得饱到吃得好。改革开放前，食物匮乏、单调，人们的营养严重不足，有些农村甚至都没有解决最基本的温饱问题。

改革开放后，十几亿人民的吃饭问题基本得到了解决。人们不但能“吃饱”，还能“吃好”，营养均衡、粗细搭配、绿色食品等饮食科学卫生的概念也日益深入人心。

这一变化，首先表现在粮食消费比重下降方面，表明人民不再为吃饱而发愁。在主食消费比重下降的同时，副食特别是动物性食品消费的比重明显提高，在对原粮消费相对下降的同时，对加工食品特别是风味、疗效、方便食品的消费需求不断上升。

住：由拥挤到舒适宽敞。改革开放前，人们的居住条件比较差。改革开放后，不仅人均居住面积大，而且居住环境也有明显的改善，城镇居民住房，由缺房、拥挤逐步向比较宽敞、比较舒适的方向发展，住房的质量和配套性也不断提高。

行：由闭塞受限到舒适快捷。改革开放以来，我国的交通条件有了明显的改善，铁路、公路和航线的增长都很快。由于经济条件的好转和假期的延长，出门旅游的人越来越多，除乘火车外，乘坐飞机也不是稀罕的事了，开私家车出行的也占很大比重。

用：由物资紧缺到琳琅满目。改革开放前，代表着当时生活水平的“四大件”是缝纫机、自行车、手表和收音机。改革开放后，彩电、冰箱、洗衣机、空调、电话、电脑、手机已相当普及。城乡居民的用品消费，呈现出以耐用消费品为主向以非耐用消费品为主，以日常生活用品等生存资料为主向彩电、冰箱、空调、电脑等发展和享受资料为主，以功能单一、低档用品为主向高科技、多功能中高档用品为主转化的趋势。

（1）通信。由鸿雁传书到人远天涯近。截至目前，中国固定电话用户已达2.66亿多，移动电话用户总数接近12.9亿，已成为全球移动电话用户规模最大的国家。如今，无论走到国内哪个城市，电话可以直拨180多个国家和地区。

（2）互联网。我国拥有8亿互联网用户，其中包括6亿通过移动端上网的用户。拥有5亿微博、微信用户，每天信息发送量超过200亿条。全球互联网公司十强中，中国占了4家。

（3）娱乐生活方面。从一年难得看上几回的露天电影，到个性化的家庭影院；从收音机中收听样板戏，到遍地开花的卡拉OK；从单纯地追求“吃饱饭”，到追求生命质量的健身运动；从打台球到网络游戏，从小人书到BBS（电子布告栏）……休闲娱乐方式的变迁，折射出改革开放30多年经济的发展、时代的进步。

2. 现阶段存在的问题及对策

在经济和社会发展取得巨大进步的同时，改革和发展中积累的各种深层次的矛盾和问题也逐步凸显出来。具体来说，首先，是环境代价太大，资源过度消耗。市场经济的发展与资源、环境等矛盾突出，有可能出现不可持续的危险。其次，社会公平受到挑战，收入分配差距和区域经济差距呈扩大趋势，劳工权益受损。再次，民生问题和公共服务、社会保障等问题突出，在社会主义市场经济快速发展之下，老百姓看病难、上学难、养老难、打官司难、行路难、住房难等社会问题也日益凸显。最后，政治、文化发展滞后，民主、法制不健全，未能跟上市场经济的步伐，以致逐渐形成了庞大的特权利益集团，严重地阻碍了公民社会、法治国家的建立。这些问题有的是由于历史和自然条件积累下来的，有的是计划经济体制在向市场经济体制转轨的过程中产生的，有的是由于当时人们认识的局限性以及改革不到位造成的。

针对上述问题，我们应该采取马克思历史唯物主义的态度：第一，勇于正视问题的存在，实事求是地解决问题，是什么问题就解决什么问题，不掩盖问题也不夸大问题，不因有问题存在就否定改革的方向；第二，任何改革都不是一帆风顺的，改革开放的艰难复杂决定了矛盾和问题的必然存在。因此，只有继续深化改革才能解决这一系列问题。

今天，党中央提出的“四个全面”，即全面建成小康社会、全面深化改革、全面依法治国、全面从严治党，就是为了明确当前和今后一个时期，党和国家各项工作关键环节、重点领域、主攻方向，这对推动改革开放和社会主义现代化建设迈上新台阶提供了强力保障。

3. 以问题来否定改革开放的危害性

现代化之路注定是不平坦的，改革开放本身就是在责难和评判中起步和发展的。改革开放的总设计师邓小平同志曾经说：改革没有万无一失的方案……不犯错误不可能，要争取犯的小一点，遇到问题就及时调整。对于改革开放中出现的问题，我们应该怎么看待？是质疑改革开放的既定国策，看到改革中出现的问题就想倒退回去，还是以反思改革为名否定改革开放取得的成就？在这里，必须充分认识到以问题来否定改革开放成就的危害性！

具体来说，否定改革开放有三大危险：

其一，以问题来否定改革开放，偏离社会主义方向。近年来，一些错误思潮利用改革开放中存在的问题来干扰我国的改革开放。一种是新自由主义思潮，它否定公有制为主体的经济地位，打着改革国有企业的旗号，主张在经济领域全面实行私有化。另一种是民主社会主义思潮，主张全盘照搬西方的民主政治制度取代中国特色社会主义政治制度。这种思潮实质是否定人民民主专政制度，蓄意推翻社会主义制度，放弃无产阶级专政，将政权拱手让出，因此要警惕上述两种思潮带来的危害。

其二，以问题来否定改革开放，动摇党在改革开放中的核心领导地位。改革开放的决策是中国共产党在认真总结新中国成立以来正反两方面经验的基础上做出的，是我们党解放思想的结果。因此，没有党的坚强领导，改革开放不可能走到今天，更不可能取得如此辉煌的成就。没有党的坚强领导，改革开放很可能会迷失方向，要么走回封闭僵化的老路，要么走到改旗易帜的邪路。党在改革开放和社会主义现代化建设中起核心领导作用，才能全面而持久地推进改革开放，才能破除制约经济发展、社会进步的各种体制机制障碍，确保全面深化改革的正确方向。

其三，以问题来否定改革开放，社会主义现代化建设陷入困境。改革开放就是要广泛地寻求经济交流与合作，充分利用国外的市场、资金、技术来发展自己，实现中国的现代化。如果以改革开放中出现的许多困难和问题为理由退回计划经济时代的老路，只能限制自己的发展，甚至会中断中国现代化的道路，改革开放将前功尽弃。解决困难的根本途径就是对内改革，对外扩大开放，充分利用国内和国际市场，以改革促稳定，以开放促发展。

总之，改革开放是富国强民之路。尽管在社会转型期出现了很多问题，经济、政治、社会、文化等领域的制度还不够健全，但30多年的实践证明了改革开放的成就远远大于问题。因此，我们不能因为有问题而停滞不前，要坚持走改革开放之路。

物质繁荣就可以有一切幸福吗

当前，人们为了房子、车子、票子、孩子、位子等常常忙得心力交瘁、焦头烂额。而人们心力交瘁、焦头烂额地追求物质的丰盈，是为了人生的幸福。但是，有了物质的丰盈，就真的可以有一切幸福了吗？

1. 财富并不能代表一切

很多人觉得拥有更多的财富，在经济生活上得到更大的满足才能幸福。这在某种程度上是对的，经济学家用许多实证研究证明，发达国家的人民的确相比贫穷国家总体来说要更加幸福，同时一个国家的高收入人群的确要比最低收入人群总体更加幸福。但是，财富并不能代表一切。

改革开放30多年以来，我们把财富的概念进行了人类历史上史无前例的紧缩和简单化。改革开放30多年里，在绝大部分人的心目中，财富等同于金钱，或者说财富等同于物质。但在以前的人类历史上，从来没有把财富如此简单化过。经济社会的发展忽视了某些重要的问题，也让某些概念产生了变化，比如成功。期间，我们这个民族的物质追求被激发出来，甚至赋予社会上的榜样性，似乎成功的标志就是拥有更多的金钱。事实上，社会发展了，人们的生活水平提高了，但我们越来越难欢笑了。

谈到有钱而并不幸福，中国的企业家群体也许是一个很好的例证。企业家通常代表着成功、财富和幸福，但事实真的如此吗？国务院发展研究中心《中国企业经营者成长与发展专题调查报告》显示，中国企业家有时或时常出现“烦躁易怒”症状的占70.5%，“疲惫不堪”的占62.7%。在过去20多年里，中国有1200多名企业家自杀。企业家们一个个变成“两院（法院和医院）院士”，企业家这个行业在中国甚至被戏称是“高危行业”。

此外，中国普通民众对收入增长与幸福增长的关系，如今也有了更切身的感受。我国大陆的民意测验和社会调查机构中国社会调查所做的一项调查显示，改革开放30多年来，我国的GDP（国内生产总值）增长了几十倍，人均GDP也增加了十几倍，但中国人的幸福感却并没有同步提高，有些方面甚至还下降了。

2. 过度追求物质，势必践踏资源

过度追求物质，其实是对资源的一种践踏，是一种不道德的行为。

人类生活在地球这个有限的空间里，其自然资源也是极其有限的，如果人类社会疯狂地追求物质享受，势必带来两个严重的后果：一是地球上的资源快速消耗掉，二是环境污染加剧，这两者就是地球生存环境恶化的突出表现。那我们的子孙后代将何以为生？为了自己的享乐而不惜毁坏我们赖以生存的地球，并将子孙置于一个资源枯竭的有毒垃圾场中，我们情何以堪？这是缺乏道德的行为。

过度追求物质，就会造成资源分配失衡，以至于资源占有者无视弱势群体。比如，在中国这样一个发展中国家，还有一些人身患重病而无钱医治，还有一些孩子因贫困而失学……面对这样的国情，一个人无动于衷、一味地迷恋于物欲，即使这个人没贪污没贩毒没造假，他个人享受的资金都来自他的所谓合法收入，但这个人起码也是个情感缺乏、情商低下的冷面人，不值得社会和他人尊敬。至于为了追求物质享受而不择手段甚至触犯法律，则更会受到法律的制裁。

人的天性是追求享乐的，要降低人的物质享受欲不是要压抑人的天性。人除了有物质方面的享受之外，还有来自精神方面的享受。中国古代圣贤所极力倡导的简朴的物质生活和丰富的精神生活今天不但不过时，且依然是一种很深刻很有智慧的选择。

查出为什么不幸福的原因

为什么经济发展了、物质繁荣了，人们的幸福感却下降了呢？有研究者曾经给出以下几个方面的原因。相信人们会对“幸福”二字有更深入的认识。

1. 总爱比较

现代人把主要精力都投入相互攀比的竞争中，比职位、比房子、比财富……比来比去，人们的心里只剩下欲望，没有了幸福。一旦人追求的不是如何幸福，而是怎么比别人幸福时，幸福也就离你远去了。

2. 缺乏信念

在经过30多年冲刺般的财富赛跑后，一些人除了赚钱，却不知道人生的目标与追求到底是什么，甚至不知道自己究竟想要什么。这种缺乏信念与理想的状态，难以产生长久、快乐的幸福感。

3. 不善于发现阳光面

生活中有许多积极的、好的方面，但许多人却忽略了它们，“只看到自己的不幸，忽略了自己的幸福”“放大了别人的幸福，缩小了自己的快乐”是其真实写照。一些媒体为了吸引人们的眼球，也对生活中的负面事件大肆宣传报道。虽然在一定程度上满足了人们的好奇心，但同时也削弱了人们的积极心态。

4. 不知道奉献

美国哈佛大学一项研究曾显示，在生活中多去帮助他人，能让自己感到更快乐。但现代社会中，乐于无私奉献的人越来越少，斤斤计较的人越来越多。如果你总算计着“我能从中得到什么”“做这件事值不值得”，就会生活得很累。

5. 不知足

俗话说“知足者常乐”，但能知足的人越来越少了，有了房子想换更大的，有了工作想换更好的，有了钱想赚得更多……这些欲望，指使着人无休止地奔波劳碌，硬撑着去争取登上那“辉煌”的顶峰。

6. 相互不信任

社会虽然通信高度发达，但人们的心灵却渐渐疏远了。现在的人越来越倾向于“右脑”思维模式，而右脑掌管个体、权力、地位等，对于幸福的感受度是零。幸福感来自左脑的感受，很多时候不是生活中的幸福少了，而是人们不再掌握感受幸福的能力。

7. 过于焦虑

购房、子女养育、家庭养老负担等问题，为职场晋升空间感到担忧而产生的工作压力，朋友同事之间人际关系的处理等都成为中国人的“压力源”。在大城市中，无论老人、年轻人还是孩子，多处于一种烦躁不安的焦虑状态，这让人们无法从心底感受到幸福。

8. 社会不公

影响人们幸福感的一个重大问题，是社会公正。不是说财富增加你就幸福，一个人总是觉得“不公平”就没有幸福感。事实上，人们不仅要福利的拓展，也要公平的过程；不仅要权利的保障，也要权力的透明。权利、机会、规则的不公平导致的贫富不均、有仇富心理，是人们没有幸福感的重要原因。

既然病因已经找到，那么又该如何对症下药呢？

重建信仰，需从传统文化出发

作为一个民族，如果缺失信仰，或者迷失了信仰、精神的方向，要想自立于世界，是一句空话。对于需要重拾信仰的任何一个民族来说，信仰像鸟儿，在黑夜里它会冲着黎明讴歌。上文所说的“对症下药”，就是要从中华传统文化出发重建信仰。

1. 从传统文化出发重建信仰

两千多年来儒家思想一直为中国老百姓所信仰，或者说中国老百姓在教育、文化的传承中奉行的做人之道，依然遵循着“孔仁孟义”。这种信仰既是道德的，又是宗教的。中国人信奉的儒家思想实际上相当于西方人信仰的耶稣，只不过儒家思想显得更生活化、民间化。从信仰或者从道德的角度来说，中国人的道德也是中国的宗教。中国百姓相信人是善的，相信人和天、地、物、我之间的相互关爱。

虽然现在中国的社会中有很多乱象，但是中国老百姓的信仰、道德信念、生活目标还是儒家思想奠定的。中国人没有发展、开发出典型的、超越的宗教，是由中国人的生活方式所决定的。因此，当今中国要重新建立一种信仰、信念，一定要从中国的文化传统出发，一定要回到孔孟的儒、释、道，回到中国的“诸子百家”和中国文化的根本，重新恢复我们的信念和信仰。

2. 汤恩比的中国传统文化之论

阿诺德·约瑟夫·汤恩比是享誉世界的英国历史学家，他早在20世纪70年代就说过，人类社会已经到了最危急的时代，而且还是人类咎由自取的结果。作为20世纪当之无愧的、最知名的历史学家和伟大的智者，汤恩比认为，拯救21世纪人类社会的只有中国的儒家思想和大乘佛法，所以21世纪是中国的世纪。他还说，如果有来生，我将在中国。

在汤恩比所写的《21世纪的世界》当中有两段话，与我们中国人有密切的联系。

第一段话的大意是：中国在全世界开办了几百所孔子学院，如果孔子学院可以发挥出儒释道的教育作用，再联合全世界各宗教当中与儒释道相通的伦理道德因果教育，因地制宜地编写教材来教育人民，这就是统一的先决条件。而在西方罗马帝国分裂以来，欧洲各小国并没有做出统一的努力，反而是在阻止统一，那么西方显然不具备统一世界的条件，而中国比任何一个国家都更有希望和资格带领世界进入大一统的政治格局，和谐社会、和睦人生、和平共处。汤恩比博士说到这里，提醒了中国人和全世界，要想过上幸福美满的生活，需靠中国的传统文化。这些年我们就在全世界大小和平会议上不断宣传中国的传统文化，这对世界和平肯定是有促进作用的。

第二段话的意思是：中国历史上不断地改朝换代，然而却成功地解决了两个问题，第一，中国在数百年的时间里成功地维系了人们的长治久安，这是全世界每一个领导人所追求的目标。第二，中国成功地融合了一个外来的文化——佛教，丰富了本土的文明，这个是了不起的，中国人有那么大的胸怀，能够包容不同的文化、不同的习俗，并和自己的本土文化融合到一起。因此，中国人常说的“缘分”“舍得”都是佛教的术语，像这样的还有很多。中国人受到的是爱的教育，受过这样教育的人，不会害人。中国人懂得教育，而且心量很大，可以包容不同的文化，这对于今天世界的安定和平有很重要的意义。人人都有那么大的心量，都能接纳对立的，矛盾、冲突也就化解了。

在汤恩比看来，中国过去的经验和历史的成就已使其具备统一世界的基础，这正是西方所显著缺乏的。在这种成就力量上，中国比其他任何国家都更有资格带领人类走向大一统。佛教已经与中国本土文化融合在一起，和中国文化分不开了，纯粹的儒释道已经没有了，已经变成了中华文化的内容，是必修的。汤恩比经历了两次世界大战，看到了科学技术的发达，人类正在走向毁灭的边缘。正是基于上述认识，他认为如果世界统一成一个国家，这个问题就解决了。换句话说，就是国家与国家之间的战争没有了，人类可以集中力量应对自然灾害，人类才可以在这个地球上继续生存。汤恩比说的大一统是文化上的大一统，所以他说我斗胆要求中国人尽快满足全世界的迫切愿望。

可见，从传统文化出发重建传统文化信仰，才是根治社会问题，并最终让人们获得幸福感的根本办法。

没有信仰的民族是可怕的

如果一个民族与国家没有自己的信仰，势必缺少约束，很容易导致人们在各个行业和生活领域中没有统一的道德意识。一个道德沦丧、价值观丧失、一切以钱为中心、缺乏信仰与诚信、缺乏守法意识、潜规则盛行的社会，实行再好的市场经济、计划经济、民主宪政制度也是会变形的。没有信仰的民族是可怕的，而文化中的道德伦理价值观，最直接地影响着社会、组织、个人的行为，最全面地影响着社会和组织的各要素。因此，一个民族需要从其传统文化中汲取精神养料，构建自己的民族信仰。

信仰是传统文化的核心内容

我们现在使用的“信仰”一词，最初来源于佛经，但中国传统文化中也有丰富的信仰精神和相应的信仰概念表达，主要包括“信”“忠”“敬”和“诚”，这4个方面构成了传统文化中信仰的核心内容，同时揭示出信仰的完整内涵。它们可以说就是我们中国人的信仰概念。

1. 信：信仰的执着精神

“信”是中国传统文化中的一个重要概念，频繁地出现于中国古代的各种文献中。《论语》中就数十次地提到它，后来的圣贤和文人也多有阐发。信是“四德”（孝悌忠信）之一，“五常”（仁义礼智）之一，还是“五材”（勇智仁信忠）之一，等等。

“信”是一个与信仰很相近的概念，二者之间既有一定的区别，又有联系和相通之处。其不同之处可以归结为两个方面，一是外延和范围不同，二是侧重点不同。

“信”作为一个普泛性的抽象概念，具有广泛的适用性和多样化的含义。中国古人认为，社会生活所有的领域中都要贯彻“信”的原则。君臣之间要有信，官民之间要有信，夫妻之间要有信，朋友之间要有信，人神之间要有信，人与事业之间也要有信。在这里，信具有相信、信任、信实、信用、信守、信靠、信仰等多种含义。相比之下，信仰一词内容确定得多，范围也狭窄得多。可以说，信仰是一个比信更为具体的概念，它的内容更为确定，对象更为专一。

尽管在信中也包含着信仰的含义，但在古人的用法中，其着重点则不在此，而在于人际关系中的信用、信实。可以说，信主要是处理人与人的关系的一种道德准则，意思是说话做事要诚恳守信，讲信用，值得别人信赖。在这里，人与人的信任并不具有某种神圣性，而是一种平等的、可以相互对待的关系。地位相同的人之间自然要讲信用，地位不同的人之间也要讲信用。而且这里指的主要是地位相近和相同的人之间的关系，如朋友之间、国人之间。《论语》中有“与朋友交而不信乎”的反省，在《大学》中则把“信”与一些带有明显尊卑色彩的道德规范加以对比：“为人君，止于仁；为人臣，止于敬；为人子，止于孝；为人父，止于慈；与国人交，止于信。”当然，传统的“信”有时也用于人与神之间，表示人对神的态度，比如著名的《曹刿论战》中就认为对神要“必以信”，但这主要不是人对神的信仰和崇拜，而仍然是指对神要讲信用，许诺给神的祭品要按时献上，不要失信于神。相比之下，信仰则侧重于尊卑两极之间的关系，如人与神的关系。

“信”与“信仰”两个概念之间除了有不同之处，还有相同、相近和相通之处，否则前者就不会成为后者的相关概念了。

首先，在“信”和“信仰”中都包含有相信、可信、确实的含义。这一点从字面上就可看出来，双方都带有一个“信”字，也许正因为如此，才会有汉语的“信仰”一词。信仰是一种相信，即对那种能成为信仰对象的客体的相信，信也可以说是一种相信，它既是相信别人，又是使自己值得别人相信。同样，在信和信仰中也都具有“可信”“确实”的含义，因为相信的依据就是可信。二者都要求人的心诚，要求人内心相信和真诚无欺。可以说，信和信仰都是在相信的基础上发展起来的概念。

其次，在“信”中也以萌芽的或简单的形式包含有信仰的意思。信在中国古代文化中是一个具有多义性的概念，尽管其主要的含义或内容的侧重点是处理人际关系的一种美德，但在信字的许多其他用法中，还表现出某种与信仰相近甚至相同的意思。比如，信有时也指人对事业和理想的执着追求和坚定持守，指对更高的人格或事物的依赖之情。在《论语·子张》中，孔子的学生子张说：“信道不笃，焉能为有？焉能为亡?”意思是，固守仁德不坚决，信仰道义不虔诚的人，没有什么生存的价值。在此，信指的是对道德理想和价值的追求和践履，也就是信仰。这一点甚至从朋友之信中也可以看出来，因为在中国古代，所谓朋友并不单指人际关系密切的人，而主要指志同道合、有共同的理想和追求的人，所以朋友之间的相互信任中也具有某种共同信仰的潜台词。

再次，在“信”的引申和发展中，有向“信仰”概念转变的意向。信字的某些用法与宗教中的信仰有相近之处。在《论语·颜渊》中，孔子说：“民无信不立。”这句话指的是人民对政府、君主和国家的信仰，这种信任在中国古代文化中就是一种信仰。在中国历史上，长期以来就有对皇帝、对国家的信仰，我们不论把它看作皇帝崇拜还是看作爱国主义，都是一种中国式的信仰。这一点也可以从中国佛教中对信字的用法上看出来。在佛经中，“信”也是个重要的概念，它指的是对佛经的信仰，即对佛教教义的坚信不疑和追求。《大乘义章》中说：“于三宝等净心不疑名信。”这里，三宝指的是佛、法、僧。这句话的意思是，“信”就是对佛教教主释迦牟尼、佛教教义、宣扬佛教的僧人的深信不疑。《华严经》中说：“信为道元功德母，增长一切诸善除灭一切诸疑惑，示现开发无上道。”这是讲信仰的重要性。佛教认为，只有具备了对佛教根本原理的坚定不移的信仰，才能除去一切杂念，并经过不断的修行，使内心清净，一意追求真谛。

最后，从根本上说，“信”作为一个与“信仰”相近的概念，是信仰的执着和固守精神的体现。信字在古代就有固、持、守等含义，体现的正是信仰的坚定性。“信守”“守信”等的说法就表现了这一点。《左传·文公元年》中说：“信，德之用也。”东汉班固在《白虎通义》中也有“信者，诚也，专一不移”的说法。这种“专一不移”之“诚”不就是信仰的执着精神吗?

2. 忠：信仰的献身精神

“忠”是中国古代的一个重要概念，指的是一种影响深广的道德规范和人际关系准则。忠的本义是一种发自内心的真诚无私的态度，它要求不论是对人还是对事都要尽职尽责。像“信”一样，忠也是一种较普泛的概念，是一种广泛的道德原则，但不同的是，它在后来的发展中逐渐具体化和确定化，定格于君臣关系，并专指臣对君的单向性关系。在《论语》中孔子就有“君使臣以礼”，但还不仅仅局限于此，到战国中晚期，尤其是在墨子那里把双方负责之忠变成单向效力的政治伦理原则。后来的韩非子干脆把忠君作为唯一正确的价值选择。不论从最初的含义还是从后来的含义来看，“忠”都是一个与信仰相近的概念，尤其是后来的明确含义更是如此。

首先，“忠”作为一种发自内心的而且具有极大稳定性的感情和态度，不仅与信有相同之处，而且与信仰有相同之处。就其发自内心而言，它不能被强迫，就像一个人的信仰不能被强迫一样。就其具有很大的稳定性而言，它是颇为执着不渝的，就像一个人的信仰是执着不渝的一样。而且忠是专一的，针对明确的对象，从对一个对象的忠诚变成对另一个对象的忠诚，是相当困难和费力的。这一点也正是信仰的特点。

其次，“忠”作为一种由下而上、由卑向尊的单向的绝对化的态度，与信仰非常相似。信仰是一种处理至上与至下之间、至尊与至卑之间的单向要求和态度。我们只能说人信仰神，而不能说神信仰人。同样，忠也是这样一种单向态度，只能说臣下忠于君主，而不能反过来说。中国封建社会中，臣民对君主的忠也是一种信仰态度和要求，尤其是随着封建帝王的被神化，更是如此。这不是一般的忠诚，而是绝对的无条件的忠诚，实质上是一种准宗教的崇拜。

最后，“忠”这一范畴集中体现了信仰的献身精神。忠的含义尽管在历史上也表现出许多不同的方面，并不专指献身精神，但献身精神无疑是其中最重要最突出的方面。古人所谓“文谏死，武战死”，讲的就是文臣和武臣对皇帝的忠，而且是忠的极致。正如孙中山所指出的：“我们做一件事，总要始终不渝，做到成功，如果做不成功，就是把性命去牺牲亦在所不惜，这便是忠。”如果没有了献身精神，忠也就不存在了。因此，如果把“忠”作为信仰的一个相关性概念或替代性概念来加以定位，就应把它定位于信仰的献身精神上。当然，献身精神并非单指献出生命，而是泛指一种无私的态度和奉献的精神，献出生命是其最高和最后的表现。如果我们承认德国哲学家马丁·布伯在《希伯来的人本主义》一文中的说法，即“信仰就是自我奉献”，那么可以说“忠”就是一个有中国特色的信仰概念。

3. 敬：信仰的外在行为

信仰不止是一种纯粹内心的状态，而且有相应的行为外观。这种外观表现在许多方面，如在面部表情上、在言语表达上、在行动表现上，以及在相应的仪式上等。不论表现在哪些方面总是具有相同的特点。这种共同的特点，集中表现于中国古代的一个概念——“敬”上。

“敬”是中国古代的一个重要概念。孔子则说：“君子有三畏：畏天命、畏大人、畏圣人之言。小人不知天命而不畏，狎大人，侮圣人之言。”意思是，君子有3件敬畏的事情：敬畏天命，敬畏居高位的人，敬畏圣人的话，小人不知道天所赋予的正理而不敬畏，怠慢轻视高位的人，戏侮圣人的话。南宋大儒朱熹说：“君子之心，常怀敬畏。”也就是说，人要有敬畏之心。明代方孝孺说：“凡善怕者，心身有所正，言有所规，纠有所止，偶有逾矩，亦不出大格。”意思是，凡知道畏惧的人，必言谨身正，说话有分寸，行为不冲动，虽偶尔有些出格之处，但不会出现大的过失。的确，人生在世，就需有所敬畏。也就是说，要秉持一些基本的原则和操守，知道哪些事情应该做，哪些事情不该做。而人一旦没有敬畏之心，往往就会肆无忌惮，为所欲为，甚至无法无天。

“敬”指的是一种道德的要求和修身涵养的功夫。作为涵养功夫的根本，敬既有内的方面又有外的方面。其中，内的方面指内心虔诚，如通常所说的“虔敬”就是这个意思。外的方面，指内心虔诚的外部表现，比如虔诚的表情、谦恭的态度、敬拜的行为等。这内外两个方面都使“敬”成为信仰的一个相关概念，尤其是其外部的方面恰好体现了信仰的行为特征。比如，信仰者往往一脸虔诚，谦恭自卑，而“敬”字恰好就是如此。正如北宋范纯仁在《戒子弟言》中所言：“礼貌卑下，言辞谦恭，所谓敬也。”敬与畏相联系，信仰者在信仰的对象物面前，常存一种敬畏之情。敬畏、敬仰就是要人们不要存丝毫傲慢轻率之心。古人对天的敬仰具有最根本的意义，由此派生出对其他事物的敬仰。“敬天法祖”是中国人信仰的一种表现。在这里，敬不仅是一种言语态度和表情，而且还是一种敬拜的行为，敬祖也有敬祖的仪式，信仰的行为外观在这种敬拜行为上得到了集中的体现。

4. 诚：信仰的精神境界

从某种意义上说，“诚”是一个比上述几个概念都更为根本的概念，而且也是一个与信仰更为接近的概念。如果说在中国古代的许多哲学和道德的概念中有一个可以在整体上替代“信仰”的概念的话，那么它就是“诚”。

最先提出并阐述这一概念的是战国时期的“思孟学派”。在春秋以前的著作中，只出现过几个当助动词用的诚字；在《论语》中只讲信而不讲诚；到战国时期，诚才成为一个名词概念并流行起来。诚字集中于战国时期的《孟子》《荀子》《庄子》三书以及西汉时期由戴圣成书的《礼记》

中，尤其是在《礼记》的《中庸》一篇中得到了完备的阐述。《中庸》论诚的特色主要是把诚抽象化和本体化，使之成为阐述天道的基本概念。在这种论述中，诚已接近于信仰的概念。《中庸》中说：“天生诚实的人，不必勉强为人处世合理，不必思索言语行动得当。从容不迫地达到中庸之道，这种人就是圣人。做到诚实的人，就必须选择至善的美德，并且要坚定不渝地实行它才行。”在这里，诚主要是天道之诚，指天道本身，但同时也提出了人道之诚，即人对天道之诚的追求和实践。这种对天道的追求就是“择善而固执”，选择并执着地追求至善，而这显然也就是信仰。正如台湾的陈立夫先生在其著名的《人理学》中所说：“诚为信仰，亦即择善固执、锲而不舍之意。”

在《大学》一书中，诚的这种与信仰相近的用法得到进一步发挥。与《中庸》不同，《大学》中的诚主要不是指天道之诚，而是落实在人的主观意念上的人道之诚，即“诚意”。《大学》中指出和论述了儒家的内圣外王之道，即格物，致知，诚意，正心，修身，齐家，治国，平天下。在这一系列中，“诚意”占有特殊的地位，它承上启下，使整个系列成为一个“知识—信仰—行动”的有机链条。其中，格物和致知指的是人们通过接触和研究事物而得到关于事和物的道理和知识；“诚意”指的是把关于事物的知识变成内心的虔诚信仰；接下来的正心、修身、齐家、治国、平天下，指的无非是用信仰来规范内心，指导行动，并在现实中实现自己的社会理想。这种从知识到信仰，再到行动的转变过程，具有很大的合理性，是中国传统文化的基本精神，对后世有巨大影响。

受“修齐治平”思想的影响，朱熹把知识之真、信仰之诚与行为之笃联系起来。他指出：“欲知知真不真，诚之诚不诚，只看做不做，如果真个如此做底，便是知至意诚。”青年毛泽东也在《伦理学》批语中，直接而明确地提出“知识—信仰—行为”的公式。这些都是对中国古代关于诚的思想的继承和发扬。

“诚”作为中国古代的信仰概念，所体现和代表的主要是信仰的精神境界。信仰总是使信仰者处于一种独特的精神境界中，这种精神境界与信仰的执着精神、献身精神一样，是信仰的主体体现，但在某些方面有自己的特点。执着精神和献身精神具有明显的指向性，它们总是指向信仰的对象，并与信仰对象直接结合在一起；而信仰的精神境界则更多地体现了信仰的主体性，它似乎没有明显的指向性，好像是一种与任何外界对象都无关的纯粹的精神状态。

“诚”作为信仰者的主体状态具有整合的和总体的性质。无论是信仰的执着精神还是献身精神，都可以融合并升华为一种完整统一的精神境界，即诚的境界。信仰的行为外观也是诚的外化和表现。如果没有诚，行为就不称其为信仰行为。“诚”是古代创造的最典型的、最成熟的、具有中国特色的信仰概念。

总之，中国传统文化中的信仰精神和相应的信仰概念表达，是中国古圣先贤几千年经验、智慧的结晶，其核心就是道德教育。其现实意义在于，传统文化中的信仰可以提升现实中人的道德和良知，稳定和谐社会。对于悲观的人，有安抚慰藉的作用；对于为非作歹的人，则具有吓阻警惕的效力；对于纯洁善良的人，同样能有所鼓励和嘉勉。人类文明发展、构建和谐社会，往往取决于人们对公平公正、自由、珍视生命的信仰和热爱的价值观、思想和动机，才能制定相对较公平公正的制度。传统文化中信仰的普及必会带来人际关系和谐、社会长治久安，可持续地发展也就得以平稳实现。

未经审视的生命不值得活

古希腊著名思想家、哲学家、教育家苏格拉底有一句名言：“未经审视的生命不值得活。”在这位古希腊先知看来，没有经过思考、怀疑、质疑、斗争的人生是没有意义的人生。这也是苏格拉底一生的写照。

1. 为什么未经审视的生命不值得活

为什么未经审视的生命不值得活呢？如果泛泛地来理解“未经审视的生活不值得活”，我们可以这样说：无意义的生活既没有尊严，也谈不上幸福。苏格拉底认为，要做个真挚完整的人，每个人就要把自己的生活与信念交付自我来检验。“我在这里做什么？我为什么这样活着？”进一步而言，只有通过自我检验，人才能拥有真正的幸福。

苏格拉底不仅是这样想的、说的，也是这样做的。当他被人以“败坏青年、不敬城中的诸神”的罪名告上法庭时，他原本可以诉请法庭法外施恩，处以放逐，得以离开雅典而不至于殉难。然而，他不请求原谅或道歉，他认为自己没有做错事，雅典应该给他养老金而不是死刑。最后苏格拉底迫使政府采取行动，将他判处死刑。判决后他完全有机会逃脱，他的学生柏拉图与朋友为他安排了这样的机会，但他拒绝了。

马上就要服毒自尽的苏格拉底想让学生与朋友相信，他并不认为他目前的处境是不幸的。他记起了有关天鹅的传说，它们是唱着歌死去的，他说：“天鹅在感觉自己就快要死了的时候，在这一刻就会最高兴、最有力地歌唱，现在它们是要到神那里去，它们是神的侍从……我也认为自己跟天鹅一样是神的侍从，愿意为同一个神奉献一生，同样也从我的主人那里获得强大的先知者的力量，同样也高高兴兴地告别此生。”

为信念而生，为信念而死，这就是苏格拉底的哲学精神！

苏格拉底的这种精神值得我们学习。如果我们要获得真挚的幸福与真挚的美好生活，就必须遵循某些适切的思想与行动的准则。这些准则必须是客观的，而且对所有人而言都是真的，不论何时，不论何地。有些人缺乏正义感，纵欲、沉溺于没有价值的目标，与周围的人疏离，对于真正重要的事物困惑而茫然不觉。这些人不知道某些庸俗的事情不值一顾，他们恐惧幽暗，无法欣然面对生命或死亡，如此之人正需要发现真理来作为生活的依据。

2. 信念是中华民族生生不息的灵魂和脊梁

中华民族自古以来就是崇尚信念的民族。历代有识有为之士，都自觉地从先辈的高尚信念中汲取精神营养，用以坚定自己的信仰和追求，砥砺自己的情操和品格。越是沧海横流，越是如此。

“朝闻道，夕死可矣”出自《论语·里仁》，揭示了一个跨越时空而颠扑不破的真理，即信念是力量的源泉。任何时代、任何群体的成员，只要有了坚定的信念，就有了精神支柱和精神动力，就有了战胜一切艰难险阻的勇气和力量，就能为捍卫真理和正义而抛头颅洒热血，历经磨难而不衰，屡遭坎坷而不馁；就能无坚而不摧，无往而不胜。历朝历代之所以不断造就许多在中国历史舞台上演出威武雄壮的活剧、铸就大义凛然的信念的精英贤哲，最关键之处就在于他们“咬定青山不放松”“任尔东西南北风”，执着地追求自己认定的人生信念。即使奋斗终生，朝闻夕死，他们不仅无怨无悔，而且还特别看重由此凸显的生命价值与意义。

比如，源于诸葛亮《后出师表》中的“鞠躬尽力，死而后已”这句成语，经后人点化，又作“鞠躬尽瘁，死而后已”。这一表述是对信念内涵的延伸和拓展。它说明，对一个人而言，信念无时不有，无所不在，体现在人生追求的方方面面。不论是叱咤风云时的轰轰烈烈，还是埋头苦干中的默默无闻，须臾也离不开信念的引导。一个人投身的事业尽管有大有小，但只要志存高远、锲而不舍，就能以己之所为报效国家，造福民众。即使不求闻达，信念也会蕴含其中，发挥“桃李无言，下自成蹊”的作用。

又如，唐初高僧玄奘，在云游海内名寺访师问学的过程中，发现佛门各派对经典理解多有歧义，遂怀疑原有译经讹谬，于是决心“舍身求法”（鲁迅语），前往佛教发源地广求梵文原本佛经。一路上历尽千难万险自不必说，回到长安后，他十九年如一日，“三更暂眠，五更复起，读诵梵本，朱点次第”（《大慈恩寺三藏法师传》），直到圆寂，共翻译佛经 74 部，1335 卷，平均每年翻译 170 多卷，把毕生精力都献给了他虔诚信仰的取经、译经和讲经事业。

中国历史上的这些人，其实都是像苏格拉底一样为信念而生，为信念而死的人！事实上，在中国历史上这样的人还有许许多多，他们都有一个共同的特点，那就是都以忠贞坚毅的信念作为人生的重要支点，而在他们身上表现出的凛然正气又都以自己对人生与社会、对国家与民族的坚定信念为基础。信念，已经成为数千年来支撑中华民族生生不息、弱而复强、衰而复兴的灵魂和脊梁。正是这种经过审视的生命，才使他们流芳百世，名垂千古。历史告诉我们：一个人只要始终胸怀正确的信念，心存天地之正气，不管做什么，都会获得一种巨大的力量之源！

从“尊道贵德”到“天人合一”

“尊道贵德”和“天人合一”是道教的最高信仰。道教是中国唯一的本土教。鲁迅曾做出“中国根底全在道教”的科学论断，他认为“以此读史（中国历史），有许多问题可以迎刃而解……懂得此理者，懂得中国大半”。英国汉学家李约瑟也认为：“中国文化就像一棵参天大树，而这棵大树的根在道家。”这里不妨先来看一个小故事：

据司马迁《史记·老子韩非列传》中记载，孔子问礼于老子后，回来和自己的学生这样说道：“鸟，我知道它能飞；鱼，我知道它能游；兽，我知道它能跑。会跑的可以用网捕获它，会游的可以用丝线去钓它，会飞的可以用箭去射它。至于龙，我就不知道该怎么办了，它是驾着风云而飞上天的。我今天见到老子，他大概就像一条龙!”可见老子修为道德的厉害，连孔子都赞叹不已。

那么，我们如何理解道教的“尊道贵德”？又如何做到“天人合一”？

1. 如何理解“尊道贵德”

道教之所以尊道，是因为“道”是道教徒信仰的主体，道教的全部信仰和修行都是以“道”为核心的。概括起来，主要有4个方面：其一，“道”是生化宇宙万物的原动力，造化之根。其二，“道”是神明之本，由三元之气化为三清，聚形为太上老君。其三，“道”有最伟大的德行，它以虚无为体、清静为宗、柔弱为用，无为不争。其四，“道”真常永恒、无生无灭，无时不在，无处不有，长存于天地间。“道”的伟大和神圣之处，可以说是无处不能体现。由于“道”的伟大和神圣，所以道教尊道为最高信仰，并教导人们学道、修道、行道、弘道。

道的尊高和伟大，其最高体现就是“德”，道造化万物由德来蓄养，神明可敬也是因为有最高尚的德行。所以，道教尊道贵德。唐代的孟安排在他的《道教义枢·道德义》中这样对道与德进行阐释：“道德一体，而具二义，一而不二，二而不一。”意思是说，道和德本来就是一个整体，因为道是由德来体现的，在理义中又有差异，是可分又不能分，但又不能合而称为道。因为德不是造化之根，神明之本。但人们信道修道，必须以“德”为根。

“德”的意思是：人的心念符合“高级生命的旨意”、遵循“道的特性”下的行为就叫“德”，体现在世间就是人的真诚品性与善良的行为，这种行为会为自己积下德分，将来会以福报体现。所以“德”也意含着上天给人的福分，在我们的语言里还有“积德”“缺德”的说法，积了德将来就有福报，损德就会把福报给别人，自己遭殃报。“德”积多的人叫大德之士，或称人某某高德、某某大德，“德”高大之人自然声望重，受众人尊敬。这些一直到今天都存在于我们的语言中，存在于我们的日常生活中。

从上述阐释中我们可以知道，有道者必具有高尚的德行，有了高尚的德行才可得道。所以，修道应以德为基。修道的先决条件就是立德，立德就要在日常生活中不断积累功德，其关键在于提高自我修养，具有良好的品德。

如果把“道德”合在一起，意思就清晰、完整了。“德”是高层生命给人的福分，“道”显然就是神的理，是人走回高层生命的路，是宇宙的真实。这不就显现出“道”的珍贵，不就合理解释为什么“道德”一直贯穿在我们文化里，一直是个人生命守则、整体社会价值的核心了吗?

2. 如何做到“天人合一”

“天人合一”的思想观念最早是由庄子阐述，后被汉代思想家、阴阳家董仲舒发展为天人合一的哲学思想体系，并由此构建了中华传统文化的主体。当代国学大师季羡林先生对其解释为：天，就是大自然；人，就是人类；合，就是互相理解，结成友谊。

“天人合一”作为中国思想史上的一个基本信念，除了道教外，儒教和佛教也都对其从不同角度予以阐释。在道家看来，天是自然，人是自然的一部分。因此庄子说：“有人，天也；有天，亦天也。”天人本是合一的。但由于人制定了各种典章制度、道德规范，使人丧失了原来的自然本性，变得与自然不协调。人类行为的目的，便是“绝圣弃智”，打碎这些强加于人身的藩篱，将人性解放出来，重新复归于自然，达到一种“万物与我为一”的精神境界。总的来说，道教文化里的天人合一是为了破除一般人的时间、空间观念，使人的思想能朝这方向不断升华、超越，而不会受限、迷失在这个空间里。

总之，道教崇尚以德治天下，以天道行事。能做到天人合一的人，才是最尊贵的圣人。

做人乃是作为人的第一要务

人的一生中，能够夯实自身根基的事不外乎两件，一件是做人，一件是做事。历览古今，纵观中外，最能保全自己、发展自己和成就自己的便是高调做事、低调做人的人。大凡做事成功者，其做人的基调都很低；大凡低调做人者，其做事的成功率都很高。人生在世，做人乃是作为人的第一要务，这需要首先厘清做人与做事的关系，同时有必要从传统文化中汲取“做人”的养料。

1. 做人与做事的关系

一般而言，人活世上，除吃睡之外，不外乎做事情和与人交往，它们构成了生活的主要内容。做事情，包括为谋生需要而做的，即所谓本职业务，也包括出于兴趣、爱好、志向、野心、使命感等而做的，即所谓事业。与人交往，包括同事、邻里、朋友关系以及一般所谓的公共关系，也包括由性和血缘所联结的爱情、婚姻、家庭等关系。这两者都是我们看得见的行为，并且都有一个是否成功的问题，而其成功与否也都是看得见的。如果你在这两方面都顺利，譬如说，一方面事业兴旺，功成名就，另一方面婚姻美满，朋友众多，就可以说你在社会上是成功的，甚至可以说你的生活是幸福的。在别人眼里，你便是一个令人羡慕的幸运儿。如果相反，你在自己和别人心目中就会是一个倒霉蛋。这么说来，做事和与人交往的成功似乎应该是衡量生活质量的主要标准了。然而，在这些看得见的行为之外，还有一种看不见的东西，那就是比做事和与人交往更重要的，是人生第一重要的东西——做人。

就做人与做事的关系来说，做人主要并不表现在做的什么事和做了多少事上，例如，做学问还是做生意，以及学问或者生意做得多大，而是表现在做事的方式和态度上。一个人无论做学问还是做生意，无论做得大还是做得小，他都可能做人做得很好，也都可能做得很坏，关键就看他是怎么做事的。

实际上，做人并不是做事和与人交往之外的一种独立的行为，而是蕴含在两者之中的，是透过做事和与人交往体现出来的一种总体的生活态度。

2.《大学》中“做人”的学问

中国传统教育的核心之一是“做人”。这个教育的理念堪称先进。之所以这么说，是因为它是把人当成目的，而不是工具。人要先堂堂正正做一个人，然后才是做事。如果是一个堂堂正正的人，做事自然不在话下。

“四书”（《论语》《孟子》《大学》《中庸》）之一的《大学》，主旨就是讲怎么“做人”的。朱熹说《大学》是“大人之学”。南怀瑾说，虽然传统文化中把做官的人称为“大人”，但曾子的原意以及朱熹的本意是大学都不是做官的人才来研究的学问。所谓“大人之学”就是讲一个人如何做一个“大人”。

《大学》的核心分为两部分，一部分是“内养的功夫”，就是“内明之学”；另一部分是“外用的知识”，就是“外用之学”。内外相加，大学的次第就是“四纲、七证、八目”。四纲是：大道、明明德、亲民、止于至善；七证是知、止、定、静、安、虑、得；八目是格物、致知、诚意、正心、修身、齐家、治国、平天下。做大人的大道是明心见性，自立立人，而且要不断地向至善的目标迈进。不难发现，这个目标的设定是没有止境的，是一个不会停顿的过程。

达成这样一个做“大人”的目标，是有章可循的，其中，内明之学是“七证”，即知、止、定、静、安、虑、得；或者，“格物、致知、诚意、正心”这四目，也属于“内明之学”。“内明之学”是精神修养的功夫，这套精神修养不是学知识，它跟知识关系不大，它更像是一套身心体操，是针对身体与大脑设计的一套运动方式，是要把自己的身心作为一个观察对象，通过一套特定的程序，一步步了解身心的运作，根据身心运作的规律，逐渐达到掌握身心运作的目的。

儒家的这一套静坐修身的功夫，在佛家是禅定，在道家是炼丹，虽然说法不一，路径有别，目的各异，但内在的规范其实大同小异，都是要掌握自己的身心运作，从一种被动的自然状态，转变为一种主动的自在状态。比较而言，佛道两家，把这一套“内明之学”搞得很神秘，而且目标是超凡脱俗的。儒家的目标则是入世入时的，目的还是为了人生本身，相对亲切实际，修炼得法，于己于人都有好处。

应该强调指出的是，这个修养的功夫，所谓的“内明之学”，是中国文化最有竞争力的部分，是中国文化核心价值之所在，说是瑰宝，并不为过。可惜的是，在我们现代的教育体制中，这一块早就荡然无存。如果说，中国文化要复兴，首先要复兴的是这一“内明之学”。今天的人讲国学，首先就应该讲“内明之学”，换言之，今天的国学，如果没有内明的修养功夫，等于什么都不是。

至于“外用之学”，则是修身、齐家、治国、平天下。这里，“修身”也是内明之学的外用之一，身是心的外显；另外，一个人的身按照习俗规定来行为，也是一种修身。至于“齐家”，也就是“持家”、管理家庭。古代的家是大家族，几乎跟一个社会、一个社区的意思差不多，“齐家”因此相当于管理社区。治国平天下，或者说，一般人不见得就有机会来治国平天下，但是，作为一个“大人”，他必须知道这些“外用之学”，一旦有机会，他就能够担当大任。

这里的“内明外用”，也就是一般儒家喜欢讲的“内圣外王”。不过，“内圣外王”陈义过高，容易让人望而生畏，不如“内明外用”来得平易近人，向内我们可以明白自己是怎么一回事，向外我们可以实用知道如何立身处世。如果自我要求高一点，也可以向内成为“圣人”，向外成为“王者”。

3. 通过修身克服人性弱点

现实中，因为我们还有很多人性的弱点，如自私、攀比、欺瞒、奢侈、懒惰、冷漠、嫉妒、残忍、背信弃义、玩忽职守等。这些弱点阻碍着我们走向完美的人生。要想在人生的道路上取得更大的进步，要克服这些人性弱点，最重要的就是修身。

人生在世，修身最难。而修身最难者，则莫过于正心。正如《大学》中所说：“所谓修身在正其心者，身有所忿懥，则不得其正；有所恐惧，则不得其正；有所好乐，则不得其正；有所忧患，则不得其正。”意思是，如果我们的内心还存在着愤怒、怨恨、恐惧、害怕、偏好、瘾嗜、忧虑、患得患失等情绪，我们的心就是不正的。把包括这些在内的各种各样的执着心都去掉了，我们的心才是正的，我们才算修好了身。这肯定是一个漫长的过程。

有些人的生活之所以混乱不堪，就是因为他与人、与事、与物出现了对立的心态。人们总是喜欢征服自然、征服别人，唯独不想征服自己。征服自然的结果是大自然的报复，征服别人的结果是别人的愈加隔膜与仇视，以及自己生存状况的愈加窘困。印度禅修者克里希·那穆提曾简单而直接地指出心灵失衡的原因：“我是这样，却想成为那样。”我们关于世界的看法首先就是错误的，却指望正确的结果，好比去求别人帮忙，却对人家横眉立目、颐指气使，又怎么能够如愿以偿呢？做人不能光凭想当然，而是有一个客观的标准。这个客观的标准显然不是由我们自己决定的，而是由中国传统文化经典来阐明的，并且有一个修养过程。

世界和他人都不是你的敌人，你唯一的敌人就是你自己人性中的弱点，而修身是战胜人性弱点的唯一正途！

信仰拯救舍本逐末的教育

教育的根本在于“传道，授业，解惑”，把“传道”作为教育和教师的第一要务。这样的教育，其目的就是把学生培养成为“是道则进，非道则退”的人。也就是说，人生最重要的乃是道德教育，教人做人才是教育之根本。而现在的教育已经偏离了教育目的，只是单纯地追求知识，结果造成知道很多知识而不能解决实际问题。这是舍本逐末的教育，而唯有信仰才能拯救之。

教育的突出问题需重视

教育，对于个人而言，能够使个人成长为一个有用的人，促进自身的发展，激发自身的潜能，让我们了解这个世界、这个社会，同样，能让我们有尊严有意义有能力地活在这个世界上。对国家而言，人才是一个国家综合国力的重要因素。教育是祖国的未来、希望，也是民族复兴的明天。“期盼有更好的教育”，这是广大人民群众的生活向往，更是党和政府的奋斗目标。

今天，我国的教育事业正在蓬勃发展，取得了不小的成就。但是，教育的突出问题，也不得不引起我们的重视。比如教育功利化、僵化、行政化的倾向就令人担忧。教育改革已经喊了这么多年，也出台了一些措施，但是距办成“人民满意的教育”“教育公平”仍然还有一些差距。

1. 教育的功利化问题

在很多人看来，教育如果不能把人培养为精英，就是失败的教育。而为了成大器、成精英，就要不惜一切代价地争取好分数。这是一个广泛流传的功利化的教育成功学。为了成功，集中全力发展优质学校、示范学校、重点学校，而忽视整体教育的平衡；为了成功，想方设法从学生、家长身上进行创收，而且不惜用封闭式管理模式，不惜牺牲老师的名誉来予以摊派或推销。

教育功利化的危害性，首先是破坏了人的培养规律和教育的可持续发展。所谓“十年树木，百年树人”，而功利性的教育却只顾眼前，不顾长远；只要名利，不要事业。这不仅是摧残孩子，更违背了教育应该遵循的基本规律。其次是直接扼杀学生学习的主动性。学校单一为了升学率、为了领导的政绩而无休止地挤压学生的各种时间，再加上社会和家庭对成绩的单一过分重视，这种情况下学生的压力太大，从而导致许多学生逐渐对学习失去了兴趣，甚至相当一部分学生已经没有丝毫的学习兴趣。最后是忽略了孩子的全面教育，国内教育在基本的知识教育之外，或多或少地缺乏生活教育、生命教育、人格教育、心理教育等内容。玩沙子、捏泥人、看蚂蚁搬家，对孩子来讲都是十分重要的，是一个人在成长过程中所必要的营养素。离开了这些，没有童心，没有童趣，缺乏想象力，就很难培养出健全的人格。

实际上，翻开任何一本教育经典名著，我们都可以清楚地看到，学生能否成名、成家、成为社会精英，并不是教育的唯一目标。在一个分层化的社会，所谓的社会精英，从来都是少数人等。大多数的人，都注定只是平凡而普通的社会成员。培养一大批平凡但人格健全、有责任心的社会成员，比不计代价逼迫所有的孩子都成为社会精英来得现实得多。更何况，推动社会发展和历史进步的主要力量，从来都源自这平凡的大多数。从这个意义上说，教育除了要尝试让人拔尖、出人头地之外，更重要的是要让人善良，引导年青一代学会接受自我、接受他人、接受社会、学会生活。

2. 教育的僵化问题

我国的僵化教育，实际上从学前儿童就开始了，几岁的孩子却被家长们逼着去学这个年龄段不该去学的东西，活生生地扼杀了孩子拓展智力空间的能力。学校教学呆板僵化，学生天性和创造能力被扼杀。学校为了升学率，老师和家长眼里盯死分数，学生们只好死记硬背，造成了学生能力只能停留在书本知识里面，比如，只会 ABC 却不了解祖国历史，只懂得数理化却不懂得人生哲学，等等。这对我国未来发展的需要是十分不利的。每一个生理发育正常的人，都有潜在的悟性，需要挖掘方能够显现出来，但僵化的教育扼杀了大多数孩子的悟性。

现代思维虽然需要感性、悟性和灵性的平衡，但更需要分析性、精确化的理性思维，否则是非常可怕的。在一个僵化的体制下，即使进行再有效果的改革，其结果也只能是让体制愈加僵化，而改变这一局面的唯一方法是改革体制。但请记住，改革应该是对整个体制进行改革，矛头应指向体制最僵化的部分阶段，而非类似“禁补令”“课改”这一类无法在“考改”发生前起实质作用的动作，所指向的都是无关紧要的部分。

3. 教育的行政化问题

教育行政化，就是教育官化、教育权力化。教育中的一切，不是教育自己说了算，而是教育之外的行政官员说了算，因为他们握有掌管教育资源的权力。教育行政化很难反映教育的本质性要求和特征，很难体现教育的专业性、自主性品质和精神主旨，制度上缺乏内在的合法性及相应的权威。行政化所规范的教育活动，在很大程度上偏离了教育的理性方向，成为简单化、片面化的教育。受教育行政化的影响，教育的学术性、创新性、平等性一直受到影响，而且行政化带来的人力、精力、财力负担也越来越重，有的学校应付于行政层面的检查、考核、达标等，苦不堪言。

我国教育领域通行的领导制度，是一种行政管理制度。这种制度在目前还是需要的，仍在发挥主要作用。但是不能把它绝对化，否则会变成教育过度行政化。若任教育过度行政化发展下去，对学生、对教师、对学校以及对整个教育事业，必然会产生极大危害。首先，由于教育过度行政化，再加上传统文化的消极影响，强烈的“官本位”意识，在教育界不仅没有得到遏制，反而有加剧的趋势。由于教育过度行政化，用人采取垂直任命制，教师能否提拔，关键是“领导说了算”。其次，教育过度行政化，在工作上造成低效率。具体表现为：“学校领导官僚化、人才标准模式化、管理功能格式化、运行机制程序化”。再次，教育过度行政化，在教学上难以培养学生的创新素质，抑制师生的思维，消磨师生的素质，造就了众多平庸之才，而无法培养高素质的创新人才。最后，教育过度行政化最大的弊端就是，导致学校最有发言权的不是教师，而是学校干部。正因为是干部，他们在学校里比一般教师有更大的发言权，于是在权益上对普通教师造成伤害，使教师的民主权利难以发挥作用。

行政意义上的上下属、下级服从上级，固然是行政领域中的铁律；但是，行政的归行政，教育的归教育，这是两个根本不同的领域。教育领域不是要服从，而是要自主。如果没有自由与自主，教育就不会有它的灵魂。

解析现实教育中的三大错位

中国教育的一切问题，可以用一个词来形容：错位，表现在教育主权错位、高考错位和管理与教育的错位。敢问错位的根源在哪里?

1. 教育主权错位

教育本质上是上辈人希望把下辈人培养成什么样的人的活动。无论按照什么理论都可以导出一个必然的命题——教育是人民群众自己的事，因此，教育主权属于人民。教育是民生，本不应当有太多的党和国家意志的介入。中国近60年的教育，党和国家意志不但介入，而且是强势介入，一直是党和国家包办教育，教育主权不可动摇地控制在党和国家手里，于是导致教育主权的错位。

教育主权的错位，首先表现在办学主体上。中国的民办学校经历了3个阶段：雨后春笋；百花凋零；夹缝求存。根源就在于老板出钱建校，老板只是投资主体，却不是办学主体，你说了不算，因为教育主权不在你手里。说民办学校是“补充”，只能是办学资源上的补充，绝不是新的办学主体的形成，更不是教育主权的复位。

教育主权的错位，还表现在教育理念上。大一统不可能体现民意对教育多元化的需求，必然衍生“非多元化”的办学理念。这种理念催生标准化办学格局，高校教育评估，重点中学评估，都有很多条标准，若是普天下学校都应该达到某些办学基本标准也就罢了，但是在资源不足的情况下，硬生生分出“985”“211”高校，以及一、二、三级重点中学，强行制造教育的不公平，这完全违背了公共教育资源追求普及和公平的根本原则。

解决的办法很简单，“人民满意的教育”只需让人民自己来办！“十八大”的核心是8个字：“简政放权，市场决定。”有此8个字，就应当把教育主权回归人民，让人民群众自己办教育，自己办自己满意！

2. 高考错位

著名作家臧克家在当年的高考作文中曾经这样写道：“人生永远追逐着幻光，但谁把幻光看作幻光，谁便沉入了无边的苦海！”当时老师破例给他98分。虽然臧克家数学考试吃了“零蛋”，但还是被青岛大学文学院破格录取了。这样的故事只能是故事。如今的高校只能按照分数线把一部部读书机器搬回校园再作精加工，然后向社会输出失业大军。这一考，高校的等次立分，考生的命运即判，中学的名誉旋定。

对于目前高考存在的问题，十八届三中全会给出了希望：“推进考试招生制度改革，探索招生和考试相对分离、学生考试多次选择、学校依法自主招生、专业机构组织实施、政府宏观管理、社会参与监督的运行机制，从根本上解决一考定终身的弊端。义务教育免试就近入学，试行学区制和九年一贯对口招生。推行初高中学业水平考试和综合素质评价。加快推进职业院校分类招考或注册入学。逐步推行普通高校基于统一高考和高中学业水平考试成绩的综合评价多元录取机制。探索全国统考减少科目、不分文理科、外语等科目社会化考试一年多考。试行普通高校、高职院校、成人高校之间学分转换，拓宽终身学习通道。”

“统一高考”改革能否成功，尚需拭目以待！

3. 管理与教育的错位

学校教育需要管理，这是学校教育正常有序、有效运行的基本保障。但目前，无论是课堂教学、学校活动、习惯养成、教学研究，还是课程建设，都充满了管理的味道，而教育无影无踪了。这是管理与教育的内涵都丢失、错位带来的。

管理与教育的错位，首先表现在教育目标与管理路径的错位。教育是目标，管理是路径，之所以需要管理是因为教育，如果没有教育，管理就毫无意义了。每所学校都会对教师有教育教学常规的要求，这是为了通过教学的常规要求达到提高教师教育教学能力的目标。教学常规是路径，教师教育教学能力提高是目标。如今，许多学校把教师教学常规程式化、程序化，统一要求、统一格式，其本意是为了让教师在这种要求下能力得以提升。殊不知，教师个性化发展、教师自我认可、教师的内驱力，会被年复一年、日复一日的“要求与规范”磨灭掉。看似很好的方法与策略，其实变成了无味、无奈、无语的“任务”，其真实的“教育”却被人遗弃了，这是路径与目标错位而导致的管理与教育的错位。

管理与教育的错位，还表现在管理要求与教育需求的错位。学校教育需要目标和要求，学校活动需要规矩和规范，但不能以目标和要求、规矩和规范代替被教育者成长的愿望和需求。课堂需要孩子遵守纪律，但有必要一堂课都端坐笔直、双手平放桌面那样的中规中矩吗？任何活动都需要孩子遵守活动要求，但一定要悄然无声、站正排直等候吗？我们的孩子（其实包括成人）为什么越小越喜欢发言、越喜欢表现，不腼腆，而越大越不愿意表现，越腼腆。这与成年人对孩子的教育意识有关，成年人往往喜欢控制场面、重视集体的气场，忽视了我们在与不在场时孩子们的表现是否一致，这种忽视暴露出教育注重教育者的要求，忽略了孩子的社会公共需求及个人成长需求的相互融合。教育是让孩子在成长和生活中积累相应的认知与感受，长期以来，教育给予孩子的是教师要的、学校要的、家长要的、大人要的，而没有让孩子意识和感受到是他们自己需要的。所以，在公开课、有人检查、表演等曝光率高的场合，孩子们的表现与他们独处或与同伴玩耍时的表现判若两人，因为一个是做给别人看的，一个是自己的真实表现。

还有管理的“面子”与教育的“里子”的错位。重形式、好面子是当前学校一大特色。一校一品、一校一特、校本课程等教育改革应运而生，其实这是学校文化与内涵发展的好策略，但由于“面子”与“里子”的错位，导致得到了“面子”而失去了“里子”。学校文化建设、学校特色发展、学校课程开发应遵循因地制宜、顺势而为、帮助成长、激发内驱的基本原则，为师生营造适合生长的教育生态，不应求大、求高、求全，也无所谓前沿与领先，只要是对学校发展、教师和学生成长有利的、积极的就是好的。但是，现在看到多少高大上的学校文化、学校特色、学校课程，而看不见具体的、可操作的、接地气的低、细、实的“干货与硬货”，这种重视面子而忽略里子的行为会让教育味道不正。

我们要管理需要的教育，还是教育需求的管理？这个问题值得每个教育人深思。

西西弗斯之痛与应试教育弊端

我们在前文中讨论了“高考错位”问题，事实上，高考错位带来的弊端，在一定程度上导致了高考学子的“西西弗斯之痛”。

1.“西西弗斯”原典与解析

西西弗斯是希腊神话中的人物，是古希腊城邦科林斯的建立者和国王。他曾经绑架死神，让世间没有了死亡，结果触犯了众神。诸神要他把一块巨石推上山顶，以示惩罚。由于那巨石太重了，常常未到山顶就又滚下山去，前功尽弃。于是，西西弗斯要永远地重复这个毫无意义的动作。

法国作家阿尔贝·加缪在其1942年的散文《西西弗斯的神话》中，将西西弗斯视为人类生活荒谬性的人格化，但他得出的最后结论是“人一定要想象西西弗斯的快乐”，因为“向着高处挣扎本身足以填满一个人的心灵”“他（西西弗斯）爬上山顶所要进行的斗争本身就足以使一个人心里感到充实。”

阿尔贝·加缪是一个存在主义者。存在主义是产生于资本主义社会中的哲学，其对人的价值的提升主要是提升资产阶级的个人价值，而这种提升很容易走向极端。阿尔贝·加缪的结论就表明他走向了极端个人主义。

其实，作为一种惩罚性手段，西西弗斯的行为并没有被赋予任何正面的价值，因此他的劳作无效又无望。世界上没有被鞭打的人还要感谢鞭子的道理！

2.应试教育下的“西西弗斯之痛”

中国的应试教育是不是有西西弗斯一样的状态呢？趋近于真理的做法就是客观地分析现实。粗略看来，中国应试教育的弊端可以概括为以下几个方面：

一是应试教育导致道德教育虚化。人才，无非是“德”与“能”的统一体，缺一不可。每个家长都希望孩子“成器”，每个老师都希望学生成才。但我们必须知道，成“小器”靠的是知识，成“中器”靠的是能力，成“大器”靠的是品德。由于品德教育对于升学率没有实际作用，于是，现在学校也很少研究德育的途径和方法，现在各级各类学校的“德育”往往用知识教育的方法来培养品德，因而效果不佳。

真正的德育是培养人的世界观和人生价值观。真正的德育，应让孩子在自然的日常活动中体验和感悟道德的境界：体验什么是高尚，什么是卑鄙；什么是伟大，什么是渺小；什么是善，什么是恶；什么是美，什么是丑；做什么会受到尊重，做什么会受到鄙视……通过这些体验，通过这些心灵上的氤氲化生的过程，孩子的人生价值观和道德意识才能逐渐形成，这不是熟记了《思想品德》课本上的条条框框就能树立起来的。而我们的应试教育无暇研究这些，因为它不能转换成升学考试的分数。

二是应试教育导致青少年一代理想视野狭窄。高度竞争的应试，使学校和家庭把目光几乎完全聚焦在了孩子的升学考试上，而完全放弃了对孩子人生终极目标的引领。忙碌的老师，辛苦的家长，也只能急功近利，且顾眼前，缺少大视野、大气度和高境界。思想狭隘的学校、家长，也只能用上名牌大学、考研、读博、娶好老婆、找好工作、升官发财去刺激孩子学习的欲望。无数的家长经常告诉孩子的一句话就是：“你只要把学习成绩搞上去，别的什么都不用管。”这种教育环境下培养的孩子难免狭隘自私、只顾自己，缺少高尚的思想境界，只有一点赖以谋生的专业知识。

在应试教育体制下，从小学到大学斗争为考试分数斤斤计较，在这种“小家子气”的教育环境中不可能培养出胸怀广阔、志向高远的人物。现在的大多数学生都不知道什么才是自己毕生所追求的，不知道自己究竟要做怎样的人才会更幸福、更快乐，生命才会更精彩、更有价值。当一个人看不到自身存在的价值，找不到自己生命的意义，就很容易迷失人生方向。

三是应试教育妨碍孩子创造性思维和创新意识的发展。真正的智育不是传授知识，而是点燃智慧，启发思维，培养思维方式。特别是文科教育，思想性更明显，它教的是思想，是思维方式，是对人生和社会问题的思考，是对人性的思考和回答，是生活的态度，是对社会和人生的理解，也是对人对事的处理方法。其实也是创造力，是社会的活力。这些东西，是没有标准答案的。

教育最应该培养的是学生的怀疑、探究精神，培养学生的思考、比较、辨别的能力。但是应试教育要做的恰恰相反，它就是要掐灭学生的怀疑精神、探究勇气，就是要学生相信“标准答案”的绝对正确。这样的教育培养的只能是思想的懒汉。应试教育到底是在培养、发展学生的个性与创新能力还是在扼杀创新？答案不言而喻。

四是应试教育打击了多数孩子的自信心。自信心是人的能力的催化剂，自信心能将人的一切能力都调动起来，将人的积极性调动到最佳状态。一个缺乏自信心的人，往往没有工作学习的主动性和积极性。一个缺乏自信心的人，很难在社会上开创自己的事业。只有充分自信的孩子，才更容易登上成功的顶峰。一个充满自信的孩子，往往处世乐观进取，做事主动积极，勇于尝试，乐于挑战；反之，则往往在一事当前，退缩，畏惧，胆怯，悲观，被动，犹豫不决，心灰意懒，不善与人交际。

以考试成绩论英雄的应试教育，只能使个别“尖子生”在学习的过程中不断体验到成功的喜悦和学习的兴趣，让他们的自信心不断得到强化。而这种应试教育制度很容易使多数成绩不拔尖的孩子产生“我不如别人”的自我意识。多数学习成绩处于中下游的学生，往往会形成“我不是人才”的消极信念和自卑心理，从而长久抑制他们潜能的发挥，进而导致他们一生平庸。

五是应试教育诱发精神疾病，导致心理畸形。据专项调查显示，全国各地大约1/3的学生，每天在步入校门时，心里有郁闷、紧张、疲惫、厌烦、焦虑、恐惧的感觉。有专家指出，我国有几千万青少年处于心理亚健康状态，甚至有相当比例的孩子曾有过自杀念头。但绝大多数家长对此却一无所知。

为什么会出现这种现象呢？大多是由于畸形的应试教育制度造成的。能否考上大学，成了家长、老师关注孩子、关注学生的重中之重。家长对孩子的学习成绩越关注，孩子的心理压力就越大。沉重的学习压力，让中国的孩子过早地丧失了童年的乐趣，使他们的心里很不舒展，不舒展就容易发生“病变”。

教育本是一项传承人类文明、铸造民族精神的经天纬地的公益事业，是推动社会变革和人类进步的引擎。但积重难返的应试教育，是没有人文精神的“教育工厂”，是严重扼杀学生自由思想、学习兴趣和创造能力的“物化教育”。这种教育，必然导致高考学子的“西西弗斯之痛”。

家教目的：幸福安乐，治国人才

在中国，有关孩子的一切问题永远是家庭的重中之重，尤其是教育。那么，是否每个家庭都知道教育的目的是什么呢？从国外名家教育理念和中国教育理念的比较中，我们不难找到答案。

1. 国外名家的教育理念

对于教育界而言，让·皮亚杰、杰罗姆·布鲁纳和霍华德·加德纳可谓是最具有重要影响的人物。

让·皮亚杰是瑞士著名心理学家、教育家，第 14 届国际心理科学联合会主席，长期担任联合国教科文组织国际教育局局长，创建“国际发生认识论中心”并担任领导人，“建构主义”的提出者。

让·皮亚杰提出人类发展的本质是对环境的适应，它是儿童主动寻求了解环境，在与环境的相互作用过程中，通过同化、顺应和平衡的过程，认知逐渐成熟起来。他认为，儿童从出生到成人的认知发展是伴随同化性的认知结构的不断再构，使认知发展形成几个按不变顺序相继出现的时期或阶段。他认为逻辑思维是智慧的最高表现，因而从逻辑学中引进“运算”的概念作为划分智慧发展阶段的依据（此处的运算指心理运算，即能在心理上将事物从一种状态转换成另一种状态）。他将婴儿从婴儿到青春期的认知发展分为感知运动、前运算、具体运算和形式运算 4 个阶段。

杰罗姆·布鲁纳是结构主义课程论的创始人，代表作有《教育过程》《教学论》《教育过程再探》等。其基本思想是：强调在科技革命和知识激增的条件下，必须按结构主义原理进行课程改革，让学生掌握科学知识的基本结构，即基本原理或基本概念体系；强调得到的概念越基本，概念对新问题的适用面就越广；断言在结构主义课程前提下，任何学科都能够有效地教给任何发展阶段的任何儿童；强调不仅要教出成绩良好的学生，而且还要帮助每个学生获得智力上的发展，为此就要摒弃传统的复现法，代之以有利于开发智力的发现法。

传统的智商理论和皮亚杰的认知发展理论都认为，智力是以语言能力和数理—逻辑能力为核心的、以整合方式存在的一种能力。哈佛大学教授、发展心理学家加德纳提出的“多元智力理论”引起了世界范围的广泛关注，并成为许多西方国家 20 世纪 90 年代以来教育改革的重要指导思想。杰罗姆·布鲁纳认为，一方面，智力与一定社会和文化环境下人们的价值标准有关，这使得不同社会和文化环境下的人们对智力的理解不尽相同，对智力表现形式的要求也不尽相同；另一方面，智力既是解决实际问题的能力，又是生产及创造出社会需要的产品的能力。他提出了关于智力及其性质和结构的新理论——多元智力理论。加德纳的多元智力框架中相对独立地存在着 7 种智力，即言语—语言智力、音乐—节奏智力、逻辑—数理智力、视觉—空间智力、身体—动觉智力、自知—自省智力和交往—交流智力。

再往前看，则有英国教育家迈克尔·斯宾塞在他的《教育论》中提出了“为完满生活做准备”的教育目的。他认为，生活应当是教育价值的核心，教育的目的应当围绕“完满生活”展开。这里所说的“完满生活”不仅仅指物质条件方面，还包括怎样对待自己的身心、怎样培养智慧等精神生活。为什么教育的目的是“为了培养完美的人做准备”呢？因为完美的人是“完美生活”的前提，包括整个教育过程的各个层面和环节都应该是在培养人的知识、能力和品质，即人的素质。当人的素质提升得比较高而相对比较完美时，完美的人则会呈现，完美生活则是必然。

除了让·皮亚杰、杰罗姆·布鲁纳、霍华德·加德纳、迈克尔·斯宾塞的教育理念外，还有更早的被称为“希腊三圣”的苏格拉底、柏拉图和亚里士多德的教育理念。

“希腊三圣”中排名第一的苏格拉底认为，知识不是他传授给学生的，他所做的无非就是把学生心中的真知唤醒并挖掘出来。就像接生婆一样，他所做的是帮人生孩子（知识），孩子（知识）是每个人自在自有的。故他把自己的教学方法称为“产婆术”，而把自己比喻为知识的接生婆。苏格拉底的学生柏拉图认为，世界分为感觉中的自然世界和理念中的超自然世界两部分。由于感知的世界总在不停地变化，人们对它的认识因时、因地、因人、因情而异，因而感觉世界是不真实的。唯一真实的是永恒存在的理念世界，而感受到的现实世界只是理念世界的反映。美如此，真与善亦然，一切具体和抽象事物都有理念。理念是世间万物的原型，万物是理念的摹本。他倡导对永恒的真善美亦即理念世界的追求，后来人们往往把追求纯精神的唯理主义行为称作柏拉图式的行为。柏拉图的学生亚里士多德认为，5 岁前的儿童主要活动是游戏和听故事。“儿童游戏要既不流于卑鄙，又不致劳累，也不内含柔靡的情调”。故事应由负责儿童教育的官员做出精心的选择。人们对最初接触的事物往往会留下深刻的印象，“所以，人在幼时，务使其隔离任何下流的事物，凡能引致邪念和恶毒性情的各种表演都应加以慎防，勿令耳濡目染”。

2. 中国的教育理念

中国现在的教育理念，基本是在走让·皮亚杰、杰罗姆·布鲁纳和霍华德·加德纳的路。事实上，先进的教育理念倡导全体学生全面发展和个体学生个性自由发展，但片面追求智育教育而忽视德育教育及品格塑造的倾向，使得教育严重背离了当初的目的，而不明确目的的教育则是最危险的盲从。又因为教育理念的盲从所带来的恶果在比较久远之后才能显现，所以，教育的盲从往往由于现实是功利的而不被人们密切的关注，进而导致了人们对相应责任的追问与追究以及对后果的麻木和漠视，并滋生和加剧了对教育目的的思考与探索的惰性。

众所周知，一个国家、一个民族、一个社会，当做事的出发点不再是唯利是图，不再是以赚钱为唯一目的的时候，其国家制度、社会生活、公益事业、教育发展才可能不被忽视、才可能不会落后。

北大教授钱理群曾经说过：“教育的所有问题都在教育之外。”也就是说，在教育之内谈教育已经无济于事，必须跳出教育才有可能发现问题和解决问题。所以，我们不想就事论事，而是直接来谈教育的目的。

开创中国近代教育典范的著名教育家陶行知先生曾经倡导生活教育，并且认为“千教万教教人求真，千学万学学做真人”。真人是陶行知的培养目标，真人就是真善美的人，真人就是德智体和谐发展的人，真人就是智仁勇俱全的人。陶行知反复强调：“道德是做人的根本。根本一坏，纵然你有一些学问和本领，也无甚用处；并且，没有道德的人，学问和本领越大，为非作恶越大。所以我就提出‘人格防’来，要我们大家‘建筑人格长城’。建筑人格长城的基础，就是道德。”

儒家经典《大学》中讲“大学之道，在明明德”，意思就是先搞明白我们本来具有的那个光明灿烂的德行，进而再把这个光明灿烂的德行修出来。孟子说得更简单："学问之道无他，求其放心而已矣。"为人做学问之道没有别的，就是把我们那颗放纵的心找回来而已。其实，把我们那颗放纵的心找回来，就是去除妄想执着的过程，也就是把我们本有的光明灿烂的德行修出来的过程。

这里有一个通过学佛修心改变心性、提高学习成绩的真实故事：一位张姓男子本人是虔诚的学佛者，2012 年他行善法做得比较努力，因为这个缘故影响了孩子，读小学的孩子在期末考试中考了年级第一。他通过教自己的女儿念佛，现在孩子的性格非常柔和，从来不发脾气，而且对待父母长辈很有礼貌，寒假中看因果善书，孩子一天就能够看几十页，他觉得孩子念佛的效果太出乎意料了，因为女儿先天脾气不太好，孩子的爷爷奶奶都惊叹，孩子完全变了一个人。其实脾气在佛教中也是"业障"的一种，业障消了、福报提升了，自然就好了。

所以，让孩子幸福、安乐，让孩子最终成为治国人才，这才是家教的真正目的！

不仅要知识启蒙，更要智慧启蒙

教育的目的是造就治国人才，而治国人才必须受过良好的教育。接受教育就是首先获得概念的知识，进而培养智慧、勇敢、节制和正义等美德。在接受教育的过程中，不仅需要知识启蒙，更需要智慧启蒙。

1. 知识与智慧的关系

知识与智慧究竟是怎样一种关系？我们可以这样说，知识是人类对有限认识的理解与掌握，智慧是一种悟，是对无限和永恒的理解和推论。

知识是有限的，再博学的知识在无限面前也会黯然失色。智慧是富于创造性的，其不被有限所困，面对无限反而显得生机勃勃。

知识学习是智育的首要目标，但不是唯一目标。知识学习的目的不在为知识而知识，知识应该为人的发展奠定基础。

知识必须转化为智慧，才能显示出它的价值；也只有在智慧的引导下，才可能有真正意义上的心智活动。知识若不能转化为智慧，其越多越是身心发展的沉重负担。

美国著名教育家约翰·杜威曾经指出，教育要区分两种人：一种是拥有许多知识的人，另一种是睿智的人。前者拥有一大堆“间接知识”“外在的公共经验”，这些知识非但无助于其经验、智慧的增长，反而有可能阻滞生命的灵性和智慧的闪现。后者是机智的、消息灵通的，并善于处理他所遇到的各种问题。教育活动的目的应该是培养“睿智的人”。新的知识观的提出，把智慧技能（程序性知识和策略性知识）纳入知识的范畴，初步改变了知识与智慧的分离。但必须指出的是，我们对智慧的理解必须超越逻辑思维和传统理性主义的狭隘智慧观，认识到非逻辑的直觉、想象、灵感的重要性，树立全方位、多层次的智慧观。

首先，有知识不等于有智慧。一个人可能学富五车，但他不一定是智慧之人，因为他完全可能千万次地重复人家的思想，自己却不善思考，不去探究，更不会发明创造。相反，像苏格拉底那样，逢人便说我只知道自己一无所知，倒可能最富智慧，因为他自认无知，所以总想与人理论，探究真理在何方。知识关注的是现成的答案、现成的公式、现成的历史事件的归纳，而智慧关注的是未知的世界，这就是知识与智慧的区别。

其次，掌握很多实用技能也不等于智慧。一个人学会驾车，学会电脑，但他却不一定富有智慧，因为他很可能是被迫去做，内心却对这些行当毫无兴趣，更谈不上从中悟出智慧。而真正的智慧之人，都会对自己所从事的活动深感兴趣，他不是被迫去做，而是自愿去做，只要感兴趣，即使没有什么实际好处，也仍然乐此不疲，因为他从做的过程中体验到了生活的愉快，人生的乐趣。还有什么比品尝生活的愉快和乐趣更接近智慧呢？再有，一个人也可能武艺十八般，谋生之道样样精通，但却思想贫乏，内心空虚，没有信仰，没有对真善美的渴望，你能说这是有智慧的人吗？

古希腊的哲学家们也一再强调知识与智慧的区别。他们认为，知识是人类对有限认识的理解与掌握，智慧是一种悟，是对无限和永恒的理解和推论。因此，“博学家”与“智者”是两种不同类型的人，智者掌握的知识不一定胜过博学家，但智者对世界的理解一定深刻得多。两者比较就如一个知识女性和一个聪慧女性的比较，后者令人心仪的不是其掌握知识的多少而在其灵性。

当今时代是知识爆炸的时代，却也是智慧贫乏的时代。知识与智慧的分野何在？知识来自我们对客观事物的认识，上至天文，下至地理，中及人事，都可以通过分门别类细加研究，找出普遍的与系统的原理。智慧则涉及我们自己的主体在内，是主体的处世态度，是需要主体灵活运用的生活哲学。可以说，智慧就是善用知识的能力，能把学到的东西好好应用起来。一个人也许有很多知识，但由于缺乏智慧就不懂得如何运用。显然，智慧远远超越知识。

2. 用《论语》启蒙现代人智慧

一部《论语》简简单单也就1万多字，成为做人和政略的范本，迄今没有能超越它的。台湾师范大学教授曾仕强先生在讲中国传统文化的时候，曾经说过一段非常经典的话：“为什么我们的祖先，就一辈子读那几本书，什么都通了？我们现在读太多太多书，最后还是读不通？就是因为我们现在是读西方的东西，而没有去读我们中国人自己的东西。”由此证明，中国传统文化经典《论语》就是智慧启蒙的经典。

第一，孝敬父母，尊敬兄长。“仁以孝为本，百善孝为先”。在做人修身上，孝的起点最低，根基最实，人们既不陌生，又力所能及。代表传统文化的国学经典对此有不少精妙论述。如《论语》中所说的“弟子入则孝，出则悌”，就是要求弟子在家孝敬父母，出门尊敬师长。如何孝敬父母？《论语》认为：“父母之年，不可不知也。一则以喜，一则以惧。”父母的年纪，不可不知道，应该常记在心。一方面为他们的长寿而高兴，另一方面又为他们的衰老而恐惧。《论语》还说，“父母唯其疾之忧”。就是不使父母为子女担忧也是孝的表现。《论语》还对孝道中的“养”与“敬”做了深入比较，指出“今之孝者，是谓能养。至于犬马，皆能有养；不敬，何以别乎？”如今的孝就是要养活父母，狗马都得饲养。对父母不恭敬，以什么去区别对人与对牲畜呢？这是多么细致的描述。《弟子规》中对于“孝”与“悌”的论述也是很深刻细致的。如父母呼唤或吩咐我们做事时怎么办？父母教导或责备我们时怎么办？在冬、夏、早、晚对父母要留意什么？外出、返回、起居、从业要注意什么？做事时如何坚守做子女的本分？怎样对待父母喜欢和厌恶的事情？当父母有了疾病时怎么办？当父母不幸去世时怎么办？怎样对待父母的丧事？都有一定的规矩。这些，都是十分宝贵的孝道精神财富。

第二，以德修身、以德服众。什么是德？如何进行道德建设？传统文化中有着极为丰厚的思想资源供我们去挖掘。在《论语》中，“德”字重复出现了43次，从不同侧面回答了“德”的深刻内涵、重要地位及实现途径。如何判断别人有没有德行，《论语》说：“君子怀德，小人怀土；君子怀刑，小人怀惠。”意为，君子关注的是德行，小人关注的是田宅；君子注重的是刑法，小人注重的是恩惠。面对物欲横流的现实社会，这是多么深刻的教导！人怎样才能有更多的朋友？《论语》说：“德不孤，必有邻。”可见，有德行的人决不会孤单，必定有人来做邻居。如何才能有德行?《论语》提出了文、行、忠、信“四教”。孔子以四项内容教育学生:文献知识,德行修养,对国家的忠诚,交朋友守信。更具体地讲,《论语》要求“志于道,据于德,依于仁,游于艺”。即要立志于道义,执行于德行,依靠于仁,活跃于礼、乐、射、御、书、数六艺之中。对于现实社会中存在的种种浮躁现象,《论语》早就有所警觉:“德之不修,学之不讲,闻义不能徙,不善不能改,是吾忧也。”提醒人们品德不去培养,学说不去讲习,知道了义理而不能转变观念,不良的言行而不能改正,这些都是应当忧虑的。

第三,重义轻利,先义后利。“义”与“利”是一对古老的哲学概念,义利关系更是中国经济伦理思想上一个长期争论不休的话题。传统文化在义利关系问题上的基本倾向是重义轻利,先义后利。如《论语》说:“子罕言利;与命,与仁。”也就是说,孔子很少谈论利益,却赞成天命,赞成仁德。在《论语》中,有多处关于重义轻利、先义后利的思想,并以此来区别君子和小人不同的生活态度和人生追求。如:“君子喻于义,小人喻于利。”“君子谋道不谋食。”“君子忧道不忧贫。”君子谋求的是道德、学问,而不是食物。君子忧患的是道德和学问而非贫困。“不义而富且贵,于我如浮云。”意为,不合于义而得到的富与贵,对于我来说就像浮云一样。还有“见得思义”“义以为上”,看到了可得的利益要考虑到道义,把义看作处事做人的最高准则。儒家倡导重义轻利,但也并不否定、压制、贬斥对利的正当追求,而是强调义与利之间的相互制衡和统一。儒家认为,人人都有追求富贵的欲望。孔子曾说:“富与贵,是人之所欲也,贫与贱,是人之所恶也”。并且他还说:“富而可求也,虽执鞭之士,吾亦为之。”可见,如果财富是合理求得,即便是替人执鞭的下等差事,他也愿意去做。荀子说:“义胜利者为治世,利克义者为乱世。上重义则义克利,上重利则利克义。”因此,以义制利是实现天下大利的必要条件和根本保障。《孟子》说:“上下交征利,而国危矣!”如果一个国家上下都来争利,那么这个国家就很危险了。

第四，克己复礼，敬畏规则。中国是一个礼仪之邦，传统文化极为强调规则意识。《论语》中有76处谈到了礼。两千多年来人们奉行的是“非礼勿视，非礼勿听，非礼勿言，非礼勿动”的行为规则。《礼记》说，所谓礼，是用来确定人际关系的亲疏，判断事物的嫌疑，辨别物类的异同，分辨道理的是非的。并且认为，道德仁义，没有礼就不能得到体现；教育训导，没有礼就不能完备地推行；分辨事理，没有礼就不能正确地裁决；君臣、上下、父子、兄弟，没有礼就不能确定关系地位。《论语》说，“礼之用，和为贵；知和而和，不以礼节之，亦不可行也”。礼的作用，以和谐为贵；知道了和谐并去求和谐，如果不用礼节来调节，也是行不通的。人们遵从礼仪规范，就能使整个社会表现为结构上的完整性，活动上的有序性及整个社会机能的良性运行，否则，就会出现社会秩序的混乱。在现实生活中，人们不难发现，每一个人都在“礼”的规范下进行工作、学习、生活。行路有行路的“礼”（交通规则）；到工作单位也要遵从一定的“礼”（规章制度）；学生在学校不能没有“礼”（学生守则）；就是开会、说话、就餐、娱乐、握手、乘车都要以“礼”相待，所有公民都在接受“礼”的约束。离开了“礼”，重则犯法，轻则违纪，至少也要让人说没教养，被人看不起。《论语》《礼记》《弟子规》等经典名句中对礼的含义多有论述，是我们遵纪守法、敬畏规则的思想基础。

第五，发愤忘食，乐以忘忧。在国学中，对“劝学”有着极为丰富的思想。《论语》提出在学习时要“发愤忘食，乐以忘忧”。《论语》把求学作为人生的最大乐趣，而不是把学习当作谋生的手段，提出“知之者不如好之者，好之者不如乐之者。”以求学为乐的人有强烈的求知欲，对学习有浓厚兴趣，名利引诱不动其心，对饥寒威胁也能置之度外。这正是一种“衣带渐宽终不悔，为伊消得人憔悴”的治学精神。《论语》在立德与求知二者的关系上讲得十分明白，指出一个愿意追求道德修养但又不喜欢学习的人，其结果是什么？“好仁不好学，其蔽也愚；好知不好学，其蔽也荡；好信不好学，其蔽也贼；好直不好学，其蔽也绞；好勇不好学，其蔽也乱；好刚不好学，其蔽也狂。”告诉我们爱好仁德而不爱好学习，它的弊病是受人愚弄；爱好智慧而不爱好学习，它的弊病是行为放荡；爱好诚信而不爱好学习，它的弊病是危害亲人；爱好直率却不爱好学习，它的弊病是说话尖刻；爱好勇敢却不爱好学习，它的弊病是犯上作乱；爱好刚强却不爱好学习，它的弊病是狂妄自大。可见，一个人的知识技能是由学习得到的，而一个人的道德修养也是靠学习获得的，在这两个方面，后者往往被人们忽视。在学习内容和学习方法上，《论语》提出“博学而笃志，切问而近思”。就是说，博览群书广泛学习而且持之以恒，就与切身有关的问题提出疑问并且去思考。

第六，诚实守信，敬事而信。传统文化在诚实守信上有很多厚重的思想。《论语》中，谈到“信”的地方就有38处，在谈到“信”的含义时指出，“信”应该包括“真实的”“确实”“可靠”“相信”“信赖”“自信”“信仰”“信奉”“信念”“真诚”“有信用”“讲信誉”等。《论语》认为“信”应该有一定的层次，对不同的人有不同的要求。对一般人而言，要把“信”作为一个人的立身之本、处世之基。《论语》说：“人而无信，不知其可也。”人如果不讲信用，真不知道怎么能行。自古以来，无论从政、从商还是朋友间的交往，都把信用看得比性命还重要，一个没有信誉或者信誉不佳的人，其在社会上是很难立足的。对君子而言，“信”是作为君子的一个必要条件。在《论语》中，只要涉及君子的谈论，“信”总是成为所论及的内容。如“主忠信，无友不如己者”。就是要以忠信作为为人处世的原则，要慎重择友。再如，要求君子做到：“谨而信”“与朋友交言而有信”“敏于事而慎于言”“君子欲讷于言而敏于行”“先行其言，而后从之”“君子耻其言而过其行”，要求君子应该心口合一、言行一致、谨言慎行。对居上位者而言，“信”的要求更加严格。《论语》说：

“道千乘之国，敬事而信。”要治理一个具有兵车千乘的诸侯国家，处事谨慎而守信用。《论语》中对实现“信”，提出了非常有用的方法，这就是，“信”要以“义”为依据，以“学”为支撑。

第七，严于律己，宽以待人。《论语》说：“君子求诸己，小人求诸人。”意为君子严格要求自己，小人则苛求他人。在现实生活中，自己很一般，能力很低下，知识很贫乏，但看谁都不顺眼，这样的人也为数不少。《论语》说：“其身正，不令而行；其身不正，虽令不从。”有职位的人本身正直，这样不发布命令也能办得好事；有职位的人本身不正直，即使强发布命令下属也不会听从。现在我们强调领导干部要发挥模范带头作用，我们到老祖宗那里去请教一下就行了。如何搞好自我约束，古人给出了很好的答案。“吾日三省吾身，为人谋而不忠乎？与朋友交而不信乎？传不习乎？”意思是，我每天多次检查自己：为他人做事是否真心实意？和朋友交往是否坚守信用？老师传授的学业是否熟练实习了？《论语》还要求我们从多个方面反思自己的行为，指出：“君子有九思：视思明，听思聪，色思温，貌思恭，言思忠，事思敬，疑思问，忿思难，见得思义。”作为君子有九种事要考虑，看要考虑到看清楚没有，听要考虑到听明白没有，神态要考虑到温和，容貌要考虑到恭敬、庄重，说话要考虑到诚实，处事要考虑到尽心，碰到疑难问题要考虑到求教，愤怒时要考虑到后患，看到了可得的利益要考虑到道义。

第八，谨慎交友，以友辅仁。要结交朋友，首先要辨别好的朋友和坏的朋友。《论语》说：“益者三友，损者三友。友直，友谅，友多闻，益矣。友便辟，友善柔，友便佞，损矣。”也就是说，有益的交友有三种，有害的交友也有三种。同正直的人交友，同诚信的人交友，同见闻广博的人交友，这是有益的。同惯于走邪道的人交朋友，同善于阿谀奉承的人交朋友，同惯于花言巧语的人交朋友，这是有害的。社会上的人际交往，择友是极为重要的一环。交友好，你将会在朋友身上获得人格的熏陶，道德的感召，自然受益无穷；朋友不好，你将会在朋友身上受到意想不到的牵连和伤害，上了贼船就难以脱身。通过什么方式去选择哪些可交的有益的朋友呢?《论语》给出了答案：“君子以文会友，以友辅仁。”君子以学问来交结朋友，依靠朋友来辅助他的仁德。君子之交和小人之交的根本区别就在于有没有共同的思想基础。真正的君子之交是不讲利益的，至少是把利益放在次要地位的。与好的朋友如何长期保持友好的关系，在方法上也是有讲究的。《论语》说：“事君数，斯辱矣；朋友数，斯疏矣。”侍奉君王过于频繁就会招致羞辱，交结朋友过于频繁就会招致疏远。这就是距离产生美，再好的朋友也不可以整天“群聚终日，言不及义”。对于朋友的缺点，《论语》也告诉我们怎么做，就是要“忠告而善道之，不可则止，毋自辱焉”。忠诚地规劝并好好地引导他，不行就停下，不要自招侮辱。正像《弟子规》所说的那样，要“善相劝，德皆建，过不规，道两亏”。此外《论语》还有很多关于处世交友的光辉思想，如：“见贤思齐焉，见不贤而内自省也。”见到有贤德的人就想向他看齐，看到没有德行的人就在内心做自我反省。有这些优秀的传统交友思想，对于我们建立健康的人际关系，营造一个公平正义、风清气正的社会环境，都是十分有益的。

一本《论语》，从古及今绵延使用了两千多年，没有任何一版教材可以与之同日而语。当然，在中国传统文化中，儒、释、道三家的文化教育都有这样的功效。

信仰拯救风雨飘摇的家庭

家庭是以婚姻和血统关系为基础建立起来的“社会细胞”。健康的家庭和睦相处，相互关心，不健康的家庭冷漠无情，甚至家庭成员彼此间充满敌意。现代婚姻家庭出现了一些新的发展势头，比如，离婚率上升，婚姻生活中夫妻双方对自身的反思不到位，亲子关系存在问题，家庭教育存在问题等。维护家庭正常运转，唯有靠传统文化中“家文化”的力量，每一个家庭成员对此要有足够的认识，并努力将其落到实处。

现代家庭存在的问题

家庭是人生最关键的部分。现实中一部分家庭陷入无序混乱的状态，甚至感情破裂，家庭解体，也损害了整个社会的安定局面。因此，正视现代家庭存在的问题并分析其中的原因，是拯救我们的家庭的第一步。

事实上，造成夫妻婚姻关系不稳定，既有观念方面的原因，也有对待婚姻生活的方式方法方面的原因。具体来说，包括以下几个方面。

1. 婚姻爱情观的问题

大体来说，当代青年对待婚姻问题主要有3种态度：第一种是为了结婚而结婚，将物质和金钱放在第一位。第二种是不要婚姻只要爱情。这些青年不愿意结婚，认为婚姻是爱情的坟墓，于是就出现了很多男女青年同居的现象。他们高喊的口号是“不在乎天长地久，只在乎曾经拥有”。第三种是随兴所至，感觉双方相互满意就立刻踏入婚姻，这是“闪婚”现象出现的根本原因。

正确的婚姻爱情观是婚姻幸福的基础。成熟的婚恋应该具有三大功能，即实现生理需要的功能、传宗接代的功能和改善自身生活条件的功能。在具备这三大功能的婚姻中，夫妻双方能够相互欣赏和尊重，能够相互体贴和扶助，能够相互忠诚和包容。

2. 家庭暴力的问题

家庭暴力是导致婚姻家庭破裂的导火索，因此这一问题一直是妇联等部门关注的问题。家庭暴力近几年呈小幅上升的趋势。有调查表明，家庭暴力的发生率居高不下，被访者中有15%的夫妻之间经常发生动手打架的现象，37%的人表示偶尔发生此类行为。家庭暴力在农村家庭中的发生率要远高于城市家庭，对于家庭暴力，大部分人持否定态度。

面对家庭暴力时的应对策略，第一选择为“逃离现场”。人们对家庭暴力这种既反对又犹豫的心理状态与传统观念有关，也有法律意识淡薄等方面的原因，这说明反对家庭暴力是一项长期艰巨的任务。

3. 出轨的问题

现在的社会是一个多元的社会，人在社会中难以把握自己的定位，容易迷失自己：女性受到别人追求，很可能认为这是自己有魅力，所以就有红杏出墙的事情；而男人容易在女性面前逞英雄，而有所谓“成就感”，容易在妻子之外找一个情人，以显得“是个男人”。

人类是充满情感的，社交活动中也需要情感的投入。但处在婚姻当中的人，这种情感外延必须构筑起理性的“堤坝”，才能维护婚姻的稳定，也才能建立人与人之间的健康的友情。否则，就是给自己的婚姻堡垒埋下一颗定时炸弹，早晚会摧毁自己亲自铸就的爱之巢。

4. 不信任的问题

夫妻之间不信任，总有这样那样的理由。要么就是男的真的很花心，在外面乱找女人，导致女人不信任；要么就是曾经出过轨，有过婚外情从而引发信任危机；要么就是夫妻之间差距太大，导致一方没有安全感引发不信任；要么就是女方太自卑，太爱男人，总担心自己的男人会被其他女人抢走导致信任危机。不管什么原因引起的不信任，总会让彼此感到不快，感到窒息似的难受。

其实，在两性关系中有两方面信任很重要。一方面是要足够相信对方不会欺骗或伤害你，并且相信对方也如此信任自己；另一方面是确信不管你做了什么或是说了什么，对方都不会离开你并会一如既往地爱你。如果其中一人利用对方的信任做了不可原谅的事，那么第二层信任也将不复存在，夫妻关系就此结束，即使是长达十几年的感情。

5. 从不争执的问题

夫妻间不争吵的原因之一是他们害怕冲突，这反映了相互间信任的缺乏和恐惧。这样是很不好的。另外一个原因是他们认为愤怒是不讲理，也是徒劳的。他们认为争吵就是分手的表现而不是两性关系发展中极其自然的一部分，当争吵让双方都感到不快时，它能使双方说出自己都吃惊的话，这可以避免他们相互容忍到爆发无可挽回的争斗。

其实，偶尔的良性的争执是必要的。某种程度上，争论能够解决一些琐事以避免它们集成大问题。但同样，在争吵中发泄愤怒是人类情绪构成中非常正常的一部分。婚姻关系必须足够牢固，能够包容真实的你而不仅仅是你好的方面。

6. 不善于倾听的问题

夫妻之间做到“用心地倾听”，这个很难得。但事实是听到别人似乎在指责自己时就要为自己辩解，所以常常打断别人来为自己辩解开脱，或者只关心怎么为自己辩解，而并没有认真听完别人所说的话。

其实，夫妻双方应该仔细听对方说的话，甚至应该在对方的日常念叨中听出对方暗含的意思，以揣摩出连他（她）自己都不十分清楚的梦想和愿望。如果达不到这种程度，至少对你所爱的人来说，这是一个问题。

7. 不善于交流的问题

日常生活中遇到让夫妻郁闷心烦的事，很多人都会保持沉默。一来他们不想说出来伤对方的心，二来因为他们想要保持强势地位。常见的情况是：“如果你不知道为什么我会发狂，那我当然不会告诉你！”这种方式在短期内可能会让双方相安无事，但天长日久它会逐渐侵蚀双方感情基础，使其日渐薄弱。

小矛盾堆成了越来越大的问题——由于你的另一半沉浸在幸福的假象中，因而忽视了这些导致问题堆砌的矛盾；更糟的是，完全没有意识到这些会成为让你郁闷的理由，最终，沉默反映了信任的缺失，一段关系就此完结。

8. 太过依赖的问题

两性关系中支持和依赖有一个不好把握的度。有的家庭非常困难，妻子没有收入，在家庭中没有经济地位，为了靠丈夫的收入来维持生活而忍受没有感情的婚姻，对于一切的不顺心都要忍受，从而导致家庭暴力、丈夫的婚外情现象频频发生。

其实，如果一方依靠自己的配偶，就是说离了对方完全没法活，这就是过界了。如果自己不能为生活费出力，在其他方面也无任何贡献，那么这段感情就不正常了，当然也就不会有好结局。

9. 期望过高的问题

一段糟糕的关系的标志就是：其中一方或双方都期望让对方快乐或希望对方令自己快乐。但把这对快乐当作两性关系的期待，不管对自己或是对双方而言，都是个不切实际的期盼。

其实，夫妻相处不只是快乐，很多时候你不会感到快乐甚至也不应该觉得快乐。当你觉得失落、痛苦、压抑或悲伤时，有一个人可以依靠，这甚至比起一直快乐更重要。如果你期望对方让你快乐，或更糟的是你因为不能让对方快乐而觉得有挫败感，那么你们这段感情是经受不起挫折的。

10. 花钱不节制的问题

目前，因开销问题导致两性关系产生矛盾的现象越来越多。因为越来越多的人即使婚后也选择财务分开。这种安排本身是无可厚非的，但与想象中相反，财务独立需要双方更多的交流和参与。如果你认为花的是自己的钱，其他人没权利干涉，那么你的两性关系注定会失败。

当你单身时，可以在任何时候买下自己想要的任何东西而不用考虑将来会怎么样。这种做法虽然不明智，但是承担后果的也只是你自己。而当你和某人确定恋爱关系并生活在一起后，这种花钱方式就不现实了，因为整个家庭将会承受这种恣意花销所带来的不良后果，尤其是在经济状况不是很好的情况下。事实上，生活困难也是导致婚姻出现问题的原因。所以最好养成良好的消费习惯，以日用品开销为主，如果有结余，再和对方商量一下怎么用这笔钱最好。

当然，现代家庭中还有很多问题，所有这些问题的存在，已经危及家庭的稳定。如何拯救我们的家庭，也就成为每一个人都必须认真思考、责无旁贷的责任。

直击离婚率飙升的背后

“中国式离婚”是一个令世人关注的现象。民政部发布的《2013 年社会服务发展统计公报》显示，2013 年全国依法办理离婚手续的共有 350 万对，比 2012 年增长 12. 8%，其中民政部门登记离婚 281. 5 万对，法院办理离婚 68. 5 万对。民政部发布的《2014 年社会服务发展统计公报》显示，去年全国依法办理离婚 363. 7 万对，离婚率为 2. 7‰，连续 12 年攀升。离结比率约为27.8%，这意味着，每4对人结婚的同时就有1对人离婚。

那么，离婚率飙升的根源到底是什么？为什么婚姻中的双方不能坚守一辈子？如何解决家庭离婚率上升这一问题？

1. 离婚率飙升的根源

夫妻双方性格不合，共同生活期间矛盾不断累积，最终导致感情破裂，是离婚的主要原因。其根源主要有以下几个方面：

一是女性政治、经济地位的提高。过去，中国的女性是“嫁鸡随鸡，嫁狗随狗”“在家从父，出嫁从夫”。现在，随着社会的发展和生产力的提高，女性在学习、工作、政治等方面取得了空前的进步，其社会地位和经济地位空前提高，已形成“半边天”的趋势。妇女已不再需要依附男人才能生活，甚至有可能比男人生活得更好，尤其是女性能够参加社会各方面的分工，其经济上的主动权已与男人没有差别了，所以，女性可以大胆地对男人说“不”，如果在婚姻生活中，女性认为受到委屈，或认为丈夫已不适合她，就由最初的抗争到现在的主动离婚，勇于追求属于自己的生活。

二是不同男女接触的机会越来越多。过去的女性主要在家里，而不出去和外人接触，这就是“女主内，男主外”的中国传统，现在，早已没有这种观念了，男女都在外面工作、生活，这样，不同男女接触的机会就越来越多，在接触中，不同男女之间再认识、再比较就成为自然，当夫妻外的男女接触久之后，就有可能日久生情，发展成为婚外恋。目前，在我们生活的周围，出现婚外恋已成为生活常态，离婚就成了水到渠成的事。

三是工作越来越不稳定。随着社会经济的变革，现在的工作越来越不稳定，今天也许在南方，明天却在北方，工作地域的不稳定和工作的不固定，夫妻之间在一起的可能性就越来越小，有些夫妻一年只有几次或一次甚至几年一次见面的机会，夫妻分居就成了目前中国夫妻之间的常态，夫妻之间的分居自然让双方感情淡漠，尤其在分居期间，在外界的各种诱惑下，背叛婚姻成为了越来越正常的事情，背叛的婚姻最终自然走向瓦解。

四是收入差别进一步加大。现在，人与人之间的收入差别越来越大，有的可以奢侈无度，有的却连基本生活都难保障，甚至连栖身之所都没有，如此大的收入差别，夫妻之间怎能稳定？在金钱的诱惑下，尤其在房子的诱惑下，夫妻分崩离析就越来越成为一种趋势，大城市的离婚率高居不下，经济因素就是主因，而且房价越高的城市离婚率越高。

五是夫妻间经济或社会地位的改变。结婚时，夫妻双方也许能够紧紧团结在一起，但当今时代是市场经济时代，也是风云变幻的时代，一夜之间，有些人会一夜成名，有些人会成为富翁，当然，也有一些人会破产，沦为一无所有之徒。另外，在官场上，有些人会得意，渐成官场明星，有些人会失意，降职、撤职、开除甚至进班房，随着夫妻间社会地位和经济地位的改变，夫妻之间的感情也随之发生变化，发生婚外情、一夜情等就成为可能，离婚也就距离他们不远了。

六是独生子女以自我为中心的个性是年轻夫妻离婚的重要原因。“80后”的夫妻离婚率很高，原因有很多，但以自我为中心的个性是其中重要一条。“80 后”多为独生子女，在家自然是受到父母的百般宠爱，过着“皇帝”或“公主”般的生活，都习惯于以自我为中心，这样的男女结为夫妻之后，很难达成相互妥协，往往一句话就成为离婚的导火索。一句话感动就结婚，一句话不合就离婚，成为“80 后”“90 后”夫妻“闪婚”“闪离”的主要原因。

七是高学历的夫妻追求层次较高。从报道中我们看到这样一个现象，高学历的夫妻离婚率比低学历的离婚率要高许多，其原因是高学历夫妻对生活的追求有很多方面，既有精神方面，也有经济方面；既有社会地位方面，也有独立见解方面；尤其还有对未来的追求方面都和低学历夫妻的想法有所不同，尤其在接触的人群方面更是相对的广泛或所谓的层次高，这样的夫妻往往在一件细小的事情上都要说出一定的道理，还要加以分析，看所谓的现象本质，这样的夫妻往往互不相让，最终反目成仇，家庭解体。

八是功利性的婚姻。许多夫妻是没有什么感情的，往往带有功利性，比如，以财娶美，富翁老头娶年轻妻子或富婆娶帅哥；以权娶美，大龄高官娶年轻美女或帅哥，这样的夫妻谈不上感情，而且这样的家庭多为组合家庭，本来就矛盾重重，只是一方有某些巨大的优势吸引对方，夫妻双方各取所需，一旦一方优势不再，这种家庭就朝不保夕，要么名义上存在，要么各奔前程。

九是夫妻腻烦。夫妻结婚后的头几年还是比较稳定的，但到了一定的年限，夫妻之间就到了一个危险期，即所谓的“七年之痒”“十年之痒”，实际上属于一个生理的原因，即男女结婚本身是因为相互吸引才走到一起，但几年之后，双方太了解了，也没有任何神秘感了，发现对方只不过如此，即使曾经的崇拜也已解密，这样的夫妻到了一个腻烦阶段，如果把握不好，就有可能让家庭解体。

从以上可以看出，感情其实只是离婚率上升的一方面原因，经济、地位、名利等各种诱惑无不侵蚀着天下的所有夫妻。

2. 解决家庭离婚率上升问题的建议

如何解决家庭离婚率上升这一问题呢？专家给出的答案包括以下几方面：

一是提升自我吸引力。有的人在婚后越来越不注重自己的形象，潜意识中觉得已经结婚了，就没有必要去刻意打扮自己，或是去改变自己的一些行为习惯，总认为这样的自己对方已经接受了，也不会去改变了。其实这种想法是最愚蠢的。你不提升自我的吸引力，只会让外界的诱惑有机可乘。在婚后的生活里，应当时刻注重自己的外表，更要注重内在修养，只有不断提升自己各方面的价值，才能深深吸引对方，才能把对方的心牢牢抓住。

二是提升自我觉察能力。在跟伴侣相处的过程中，一定要有自我觉察能力，能够诚实地面对自己，面对自己的想法，能够及时发现问题，并提高解决问题的能力。对于女人来说，女人的婚姻市场价值是不断贬值的，女人在经营婚姻、家庭的时候要比男人付出的多，所以，女人要有不断觉察感情矛盾的能力，并进行引导解决，掌握主动权。而对于男人来说，作为一个男人，就要有男人的责任和担当，当发现不对劲的苗头时，男人要承担起家庭的主导作用。

三是坦诚沟通。大部分夫妻在生活中都缺乏有效的坦诚沟通，当一方把自己的一些想法按照自己的意愿表达出来但又不是对方能够接受的时候，那么另一方就会觉得“沟通不来”，把想说的都吞肚子里了。久而久之，两个人就会觉得夫妻之间的距离越来越远了。唯有坦诚地交流，真诚地对待感情，在沟通的过程中，用心倾听对方的想法和心声，了解彼此想法并接受对方的意见和建议，才能更好地营造家庭和谐气氛，维护婚姻的稳定。

四是懂得相互尊重。每个人都希望拥有相敬如宾的婚姻感情，想要相敬如宾，就要懂得怎么去尊重彼此，在发生争执的时候，不要只把自己的意愿强加在对方的身上，完全不顾及对方的感受，我行我素，而是要懂得相互尊重。两个人在婚姻感情里面如果连尊重都没有，无形中的压力只会迫使受不住诱惑的另一方更想寻求外面的异性来满足自己的自尊心，这也是造成对方出轨的一个重要原因。

五是寻找共同爱好，共同享受人生。生活需要彼此去营造乐趣，比如，你对一样东西有兴趣，那么你就要引导对方也对这件东西感兴趣，如果你们的共同兴趣足够多，那么对方就会觉得你懂他（或她），并且很乐于跟你分享自己的全部。也就不会想要寻求外面的人来给予自己想要的，如果你做到了给予对方想要的，那么对方就会乖乖留在你身边。

结婚是一件非常神圣而又严肃慎重的事情，因为两个人从此刻开始就要共同走过一辈子。人生苦短但婚姻漫长，夫妻之路其实很不平坦，夫妻要想“白头偕老”，唯有用心经营，正所谓：“不忘初心，方得始终！”

从人性解放到家庭解体

人性，即人类天然具备的基本精神属性。对于人性，我国古人有深刻的认识。比如，孟子认为“性本善”，善性存于人心并往往受环境的影响。庄子认为“性本恶”，人世的痛苦在于人性内在的黑暗。这些都是由人性衍生出来的内容。

人类社会的一切现象，都是人性的映射，婚姻也不例外。婚姻是人性的综合选择。那么，如何避免从人性解放到家庭解体的不幸？这需要作为“当事人”的夫妻双方看清婚姻与人性的关系，并且能够对自身本性进行观察和对自身人性进行反思。

1. 人性对现代人婚姻的影响

如果说从人性的角度去探索婚姻，的确是个很庞大的题目，因为就人性的复杂性而言，从哲学诞生以来，一直就是其中的一个重要命题，从中国的“诸子百家”到欧洲亚里士多德的论述，包括现在的心理学在内的很多学科都涉及这个内容，而且这一切仍然还在争论之中。但是，一个符合社会公论的基本理念是：理解爱情，理解婚姻，多一些信任，多一分理解。为此，夫妻双方应该对自身人性进行反思，只有这样，才能实现婚姻和自私的人性的共存；只有这样，才能在婚姻中获得更多的幸福。

苏格兰哲学家大卫·休谟在《人性论》中阐述了人性对婚姻的影响，这里仅按它的轮廓来简单叙述当代人类的婚姻。即知性、情感和道德。

一是知性对现代人婚姻的影响。大卫·休谟所表述的人类知性主要包括人类对外界的概念、观念、想象（抽象）、判断、推理、时空、联系（关系）、因果、知识、信念、印象等。从以上角度说，人类从原始社会的杂婚状态到今天的偶婚制，从婚姻单纯的繁衍到今天已经有了很大进步。这就是人类对婚姻的认知发生了改变，但这种改变从婚姻的趋势和人类对婚姻的需求状态上说，它不是最终的状态，至今仍然是人类婚姻中的一个过程。

首先，知性对婚姻选择的影响。现在人们对婚姻的选择真是五花八门，比如，两人在没有任何物质条件的情况下就很幸福地走到一起，有的却因为对方没有房子而一再推迟婚期，好像要与房子结婚一样。所以，从现代人的知性问题上，对婚姻的理解因个体的不同而存在着很大的偏差，思想境界略高的人更注重对方内在的要求，反之则不注重。

其次，知性对婚姻现实的影响。实际上，在现实社会条件下，对于婚姻的正在进行时，知性较高也许未必就是一件好事，因为现实的婚姻大多是不尽如人意的，认识越深刻，反而因婚姻的累赘而痛苦。原因很简单，那就是现实婚姻和自己的期望值之间的反差。相反，在中国很多人认为还不如随遇而安地凑合着居家过日子互助生存，这一点虽然有悖于人性，但却是社会所提倡的主流。这个问题因个体及生活环境差异较大，不再展开讨论。

最后，知性对离婚的影响。事实上，更多以封建婚姻为内涵的家庭，在当今社会还是比较稳定的，原因很简单，就是基于“当事人”对婚姻的理解，因为这种婚姻几乎谈不上什么爱情，双方迫于社会和生活的、舆论的压力选择了忍耐。实际上这种忍耐往往是埋藏得很深，局外人似乎察觉不到，而一旦显露于生活，恐怕离婚就指日可待了，因此，发达国家都有较高的离婚率。

二是情感对婚姻的影响。大卫·休谟所阐述的人类情感包括骄傲、谦卑、美丑、好恶、名誉、爱恨、亲情、好奇、时空与情感、猛烈情感、意志、怜悯、恶意、嫉妒等。人和人之间的情感是非常复杂而又微妙的，甚至是只可意会而不可言传之状态，所以大卫·休谟所提到的仍然仅是人类情感的很小的部分。

首先，在婚姻选择上，人往往因为某种情结而成为婚姻选择的一个砝码。在这方面，因个体的不同而复杂不再展开讨论。

其次，对于正在进行时的婚姻，很多已经转化成了近似血缘关系的情感，实际上这种婚姻仍然是不牢固的。在知性较低的情况下，有时这种情感往往表现得更为强烈，就如天鹅配偶一样，一只天鹅死去，另一只一般会殉情。

情感对于婚姻来说是靠双方的维系而显得牢固，因此，如果需要维系这个婚姻，情感在其中发挥的作用是很大的。单纯靠一方的努力，最终会因倾斜而倒塌，所以，要维护安全的婚姻，夫妻双方还要为对方付出，用行动使情感不断升温。实际上，在现实生活中即使是一桩不平衡的婚姻，如果一方做出很大努力，也可因“感化”使婚姻继续维持。

三是道德对婚姻的影响。通常情况下，现代的人们对婚姻中的道德问题的理解是对婚姻维系所做出的努力，比如对家庭和对方、子女的关怀程度等。

道德对婚姻的影响本来是很小的，但由于社会发展的局限性，道德却对婚姻有着很严重的影响，比如，对于传统封建式婚姻来说，对婚姻的背叛即为不道德，在不平衡的婚姻中，具有优势的一方背叛婚姻会产生负罪感，这是因为社会生产力不发达而可能引起对方生存困难。因此，这种观念到现在仍然影响着大多数人的婚姻。

由上我们可以看出，现代婚姻是一个复杂的聚合体，单从人性来说，它往往是知性、情感和道德三者同时作用于其中而相互影响，因此不能将三者割裂开来来解释婚姻。当然，这三者不是人性的全部，影响婚姻的人性因素还有性格、道德修养、文化修养、人生观和世界观等。我们认为，婚姻中所有人性的终极指向都应该是两个字：爱情。婚姻应该是以爱情为基础并密不可分的，事实也是这样的。爱情归属是现代人性需要的一部分，因此我们断定，人类婚姻的发展是以爱情为基础，并把以爱情为目的的婚姻为追求的终极目标来达到婚姻价值的自我实现。真正的爱情，需要双方有良好的文化修养支撑的道德修养。

2. 夫妻双方对自身人性的反思

婚姻就像两个达到了人性的共鸣而结合成的车轴。可是随着时间的推移，人性周期的变化会导致原来两个完美的结合体发生齿轮断裂，无法再相互配合，驱使那辆幸福婚姻的马车行进。面对一辆坏了的马车我们需要的是修复，也就是更换零件。这同时也告诉我们，在平时也要注意车轴的保养与维护。

保养与维护“车轴”，一个最应该给予足够重视的是爱情——经营爱情。“一夫一妻制”是现代社会的婚姻规则，而顺应社会规则也是人性。有婚姻这个壳子的保护，就必须要抵抗外界的诱惑，这是需要很大的气力的，非心灵极度强大者而不能为。就如同打了预防针，有了免疫力，可以在精神上抵御各种病毒的侵袭，比如可以远离一夜情、婚外情，杜绝始乱终弃等。爱情在一定程度上是感性的，而感性本身就是一个不稳定的东西，因此我们应该做到把握感性，将它朝好的方向引导。在对待爱情的问题上，夫妻双方尤其需要一起努力，一起进步，才能一起和谐，享受幸福婚姻。

总之，看清婚姻与人性的关系并对自身人性进行反思，这是幸福婚姻的前提，也是日后两人相处的一个“基础”与“基本原则”。

往往事与愿违的亲子关系

在我国，亲子关系带有很强的中国传统色彩，以长辈为中心，忽视孩子心理发展需求。作为父母，肯定希望跟自己的孩子养成良好的亲子关系。但事实上，现在的中国家庭却往往事与愿违。

当前亲子关系中存在的问题，具体来说表现在以下几个方面。

1. 一味地把自己的观点、愿望、想法强加给孩子

不少做父母的总是认为孩子就是孩子，他们不懂事，必须由父母告诉他们该做什么、该怎样做。父母一直认为，对于孩子来说，自己的一切都是对的，孩子就应该遵守，但他们忽视了还有独立与成功的愿望。当孩子有一天违背了父母，父母就要强调“我们这是为你好”。长此以往，在孩子心中便会出现“是我的错”，孩子没了主见，不能独立去应付困难；孩子会依赖、会自卑。如果孩子的个性比较强，他们就会逆反，会为了实现自己的价值去做一些出格之事。结果一旦形成，父母将会迷茫：我们全心全意为了他，一直希望他出人头地，我们为他花了那么多钱，我们为他付出了那么多精力，结果为什么会这样？我们的孩子为什么就这样不可救药？

事实上，把自己的观点、愿望、想法强加给孩子就是在强力控制孩子，以至于最终切掉了孩子探索世界与独自追求美好生活的能力。家长越是有控制力，越是在物质与精神上加强控制，包括情感勒索，其子女“啃老”的概率就越高。有些家长还很不满孩子啃老，说子女没有独立精神与

担当能力。其实啃老的因是父母种的，你折断了别人的翅膀，别人不想飞或者飞不动时，你又怪别人不飞。

2. 父母爱孩子不够理智

一般说来，父母不缺的是作为人的爱之本能。因为爱的本能，并非人所独有，很多动物都有。但爱得有方法有理智，却不是一件简单的事情。因为养育行为最困难的是，你得长年累月地重复许多相同的动作、行为以及语言，这使得没有耐心的父母抓狂，为此就会采取特别顺手的办法来满足孩子的欲望，哪怕这些欲望看上去很离谱。因为他想偷懒，不想付出太多，更不想有效有质量的陪伴，只尽量让孩子更乖一下，仿佛一下子就从养育孩子的困境里解脱了出来。可以说，没有经过耐心淬炼过的爱，不拿出足够的时间来进行有效陪伴的爱，本质上就有可能走向爱的反面。

不停满足孩子外在物欲的父母，是不耐养育孩子中的重复，以及所需时间与精力看上去的没完没了。这其实不是真爱孩子，因为他们舍不得花时间，不注重滋养得很慢的精神成长，属于典型的放纵型溺爱。放纵型溺爱的孩子不仅有反社会化倾向，而且对父母在骨子里并不亲近。过于满足孩子放纵的物欲，却使其精神贫瘠的行为，会使孩子在长大后感受到其父母对他爱的偷工减料。事实上，这种放纵的所谓的爱之方式，最终会使孩子在骨子里对父母产生一种疏离乃至一种痛恨感，尤其是在他因父母的不当养育行为而坐牢且付出很大代价后，就会形成父母与孩子持续的连锁性互坑。

3. “棒下出孝子”“不打不成器”

这是家庭暴力在亲子关系上的反映。父母通过暴力手段虐待孩子，孩子受到身体上的伤害还在其次，心灵上的消极影响才是令人担心的。一个常被父母打骂的孩子，容易从父母的打骂行为那里学得暴力和攻击的手段，这样的孩子往往缺乏同情心，在同伴之间也会采用类似的暴力攻击。

心理学研究表明，在家庭常遭受父母打骂的孩子，会很少表现出对受伤同伴的关心，相反，还对哭泣的同伴表现出恐吓、愤怒或不耐烦乃至攻击的倾向。这类孩子长大后极易成为极度缺乏同情心、性格偏激、叛逆、仇视社会的人。他们总是认为上天对自己不公平，不认同现状，如被他人伤害将采取极端的手段。

4. 消极、不关心、漠视孩子

消极、不关心、漠视孩子的正当需要和需求，这是现实少部分家长与孩子所呈现的一种状况。现实中这种情况尽管比较少见，但如果存在，后果可能很严重。漠视孩子的家长一般有两种情况：一是夫妻双方都很忙，没时间照顾孩子；二是夫妻只知道忙于自乐。如果在这种情况下又没有人照顾孩子，孩子就会陷入一种孤独、失落中，导致他们缺乏安全感。

事实上，这种家庭的孩子最需要的是关注，他们可能会采取各种方法来引起父母的注意。孩子只是孩子，他们没有很好的自控力，其结果是可怕的。过分表现自己、毁物等虽说不会有太大的影响，但可能使他们形成偷盗癖，以及将在成年后出现各种心理问题等严重后果。

5. 忽视孩子心理问题和心理疾病的治疗

大量事实表明，忽视心理问题和心理疾病的父母是相当普遍的。孩子上课不注意听讲，经常有一些小动作，做任何事情都没长性，做父母的不能只认为孩子缺少管教，更应考虑是不是有“注意”障碍（儿童多动症）；孩子经常反复洗手，同时表现出痛苦，不能认为孩子爱干净，应考虑是否有强迫症；孩子总是骂人，且无法矫正，不能认为孩子没有教养，应考虑是否有品行障碍（如污言秽语综合征）的存在。还有口吃、异食、抽动、神经性贪食（厌食）等，这些疾病的危害都不是一过性的而是长期的，不经治疗极少自愈，而且时间越长，治疗越困难。

现实中往往有这种现象，很多父母知道自己的孩子心理上可能存在问题，但不愿为其治疗。原因是治疗这些疾病的机构大多是精神病专科医院，他们不想让自己的孩子有精神病的名声，甚至有些父母认为这些疾病本身就是精神病；有些父母认为服用治疗此类病的药物会影响孩子的智力，以至于疾病发展得越来越重，影响了孩子正常的生活、工作、学习，而此时再治疗也是极为困难的。

和谐的亲子关系是家庭教育的基础，也是孩子成长的动力。避免亲子冲突，增进亲子关系，父母需要修炼自己的心态、拓宽自己的认知和思维格局，学习一些教育理念和方法，还要有与孩子一起成长的决心。只有这样，才能增进亲子关系，给孩子成长的动力，完善孩子的人格。

光养不教瞎忙活的家庭教育

现实中，有很多父母对孩子自己应做的事忙个不停，比如帮孩子做作业，帮孩子做手工，监督孩子每时每刻的活动等，而到头来劳而无功，事倍功半。父母为孩子从早到晚忙个不停，但没有太多收获，这就是“光养不教瞎忙活”！

1. 父母望子成龙，可谓用心良苦

“可怜天下父母心”！当孩子从呱呱坠地那一刻起，做父母的就望子成龙，望女成凤。综合当前的生活环境，中国父母对子女望子成龙的各种心态有下列表现。

一是望子成龙，鲤鱼跳龙门。此种思想意识在恢复高考制以来越来越

强烈、突出，作为父母当然不能置身事外。比如，很多父母认为理科更容易成龙成凤，尤其是粘上了洋理科的标签能跃上更高的龙门，可以毕其功于一役，迅速跃上大腕大款、官运亨通的舞台。

二是不远万里，远渡重洋留学取真经，以海归而自豪。这方面不外乎近代以来“师夷长技”的现代版，让自己沾上洋气而抬高身份，归国后因为有洋学而生更宽的出路。“洋高考”正在中国初高中生群体中持续升温。小留学生热也让海外房产演变为中国投资客眼中的“香饽饽”。据追踪中国富人的胡润研究院称，约80%的中国富人表示他们计划将孩子送到国外上学。

三是让子女拥有远超他人的工资待遇，远超他人的生活享受，人上人的优势收入。能出国镀金当然是烧高香的事，从事公务员找到仕途的捷径也行，如果没有则首选寻找工资待遇高的外国公司，尤其是500强企业，只要有钱有待遇则不考虑其他。

四是纵横攀比，突出自己子女的优势。横向与左邻右舍、同乡同事攀比。与乡邻与熟人比较子女的优势和社会地位，是满足父母心态的一个方面：高则沾沾自喜，觉得别人对自己刮目相看；低则在他人面前难以扬眉吐气。纵向比力求超越祖先，自己的儿女凸显光宗耀祖。这一思想意识还在直接影响着教育的发展趋势，形成死读书、读死书，以教学独步天下的教育局面。

五是脱离体力劳动。传统的鄙视体力劳动，与现在社会上流行的看重白领轻视蓝领一拍即合。随着社会主流意识的“随大溜”，父母当然也唯恐被落下，认为子女如果还像祖辈一样从事体力劳动，理所当然是在给自己和祖宗丢脸，让家庭低人一等。

2. 忽视言传身教，造成教育败笔

父母望子成龙的心情可以理解，但绝大多数父母都忽视了日常的言传

身教对孩子有着潜移默化的教育作用，不知不觉成为毁掉孩子一生的教育败笔。

一是藐视民主，种下强权的种子。父母总是习惯于用简单粗暴的办法，以“都是为了你好”的名义来代替孩子做出决定。而这种行为就是一刀砍去了孩子脑子里的民主意识，而让他觉得强权就能战胜一切。父母的这些表现是对孩子潜移默化的家庭教育的一部分，父母的每一个行为都在一刀刀砍去孩子的爱心，而在孩子幼小的心灵埋下自私的种子。

二是罔顾诚实，种下说谎的种子。孩子一旦明白说谎就可以不挨揍、不挨骂，或者可以让皮肉之痛尽可能迟一些来临的时候，就可能慢慢变成说谎专家。小孩子说谎都是被逼出来的。如果我们说实话可以得到实惠，那谁还愿意冒险去说谎呢？很多的孩子都有这样一个困惑：为什么大人可以说谎，而小孩就不能呢？小孩在思考这个问题的时候说明他已经发觉了大人是经常说谎的。家长面对孩子的时候，给出的解释往往是辩解说我们的谎言是“善意”的。但对孩子来讲，善意的也好，恶意的也罢，那都是谎言！

三是限制冒险，种下平庸的种子。孩子要下河游泳，不是教会他怎样保证自己在水里的安全，而是简单地拒绝，理由当然是危险。孩子要登高也是因安全的原因而不被允许。有的孩子都十多岁了，还不敢一个人到门口小卖部去买瓶酱油，因为大街上是危险的。不会自己削苹果，因为刀子是危险的。20 岁的青年了还不会开火做饭，因为煤气是危险的。孩子就这样一直被抱着，又如何能长大？一点点危险都不能经历的孩子肯定是平庸的。危险处处存在，躲是不能解决问题的，关键是要教会孩子识别危险，处理危机。

四是忽视善良，种下恶行的种子。古人云：“勿以恶小而为之，勿以善小而不为。”我们不给街角的乞丐一点施舍，因为他们肮脏。当孩子想给交不起学费又体弱多病的同学捐款的时候，你问他是不是学校规定必须做的，还问学校规定最少捐多少？凡此种种，殊不知，家长在无形中正一点一点砍去孩子身上善良的本性。买东西时别人多找了钱，你拖着孩子快速离开。同事得罪了你，你指使孩子偷偷拔掉他自行车的气门芯。家里做饭少几棵大葱，你不去找邻居借，而是叫孩子到走廊去“拿”几根……凡此种种，家长你又一点点地在孩子身上播种着恶行的种子。

五是扼杀创新，种下机械的种子。孩子在学校和父母的双重摧残下，已经不懂得什么是创新了。当孩子多问几个为什么的时候，父母或许会因为自己工作的劳累而懒得回答，或许是孩子问的问题已经超出了我们的知识范围而敷衍塞责，或许父母正在为打麻将“点儿背”而烦恼。而父母惯用的伎俩就是“这个等你长大了就懂了”“这个不要求掌握，你记住就行了”“这个是不会考的！没有为什么”等自以为聪明的说辞。殊不知，你已经让孩子慢慢变成了考试机器，脑子机械化了，不会思考了。

3. 做好家庭教育，重在塑造人格

家庭教育的重点是孩子的精神人格塑造，为此父母要注意以下几个方面：

一是树立现代家庭教育思想。父母要改变过去教育子女要出人头地、光宗耀祖的狭隘观念，努力把孩子培养成有理想、有道德、有文化、有纪律、德智体美全面发展的社会主义事业建设者和接班人；要改变子女必须无条件服从父母等传统观念，积极培养孩子的科学民主、自立自强、公平竞争与合作等现代意识；要改变重智轻德体，重知识轻能力的观念，重视良好心理素质的培养和人际关系协调能力的发展，促进孩子的全面发展。

二是不断提升家庭教育能力。父母的“言、行、举、动”都将在孩子纯洁的心灵上铭刻下难以磨灭的痕迹，对儿童思想、性格、品德、作风的形成会产生深远的影响。所以，父母要以身作则，讲文明、讲礼貌，有意识有步骤地教给孩子应对进退、待人接物的礼仪，循循善诱，持之以恒，

使孩子耳濡目染，从小就受到真善美的陶冶与感化。父母能否与子女亲密无间，能否严格约束自己，受到子女的尊重，就看父母的修养如何了。若父母的素质、言行不足以让孩子依赖，父母经常说空话，那么孩子就不听你的话，家庭教育的特点、优势就发挥不出来。

三是转变教育方式方法。要学会与孩子沟通，通过言传身教，把理性的教化、爱的滋润、美的熏陶有机地融为一体，倾注到孩子的成长过程中，指导孩子在做事中开智明理；要尊重理解自己的孩子，以平等的眼光看待孩子，尊重孩子的爱好兴趣，给孩子一个充分展现自我的空间；要多鼓励，不要总是与其他孩子作横向比较，要多看其自身的发展与进步；要允许孩子犯错误，并给他改正错误的机会。

四是注重培养孩子的人格。要培养孩子的感恩观念。要让他从小培养感恩的观念，不但知道感谢父母的恩惠、老师的恩惠，也能够感谢社会的恩惠、国家的恩惠。他有这个感恩的观念，就是他的财富，有助于他开创未来的美好前途。要培养孩子的慈悲胸怀。要教孩子爱护小动物，教孩子不欺凌弱小，使他们学会尊重生命，关爱他人。如果孩子缺乏慈悲心、博爱精神，将来步入社会就容易形成暴戾之气。要培养孩子的忍耐力量。要培养孩子养成良好的品德，就要教他忍耐。像与兄弟姐妹相处，有时候哪个兄弟姐妹多得到一点利益，多得到一点好处，他不要争，要能忍耐；或者受到一点嫌弃、一点挫折，也不要一直苦恼闹情绪，要能忍耐。忍耐的力量，是将来能成就一番事业的力量。要培养孩子的服务精神。今天的社会，不是讲究你个人有多少才能，有多高学历，而是要社会大众能肯定你、能接受你。孩子如果有服务牺牲的精神，对社会大众有贡献，就会受到大家的肯定欢迎，才会成就人生的价值与意义。

总之，教育孩子是每个父母的责任和义务，父母的言行会对孩子的成长产生潜移默化的影响，发挥“润物细无声”的作用。所以，父母必须重视和加强家庭教育，强化自身垂范意识和责任感，不断学习家教知识，给家庭教育注入新的内涵与理念。只有这样，才能促进孩子的全面发展，才能为构建和谐社会培养出合格的人才。

用“家文化”信仰维护家庭

婚姻使得我们有了一个家，而这个家能否很好地运转下去，需要信仰来守护。一旦信仰缺失，婚姻就会出问题，我们的“家”就处于风雨飘摇之中。为了避免出现家庭危机，应该用传统中的家文化信仰来维护家庭正常运转。

1. 家文化——中国人自己的文化

家庭文化是家庭物质文化和精神文化的总和。家庭文化属于社会科学范畴，指的是一个家庭在世代承续过程中形成和发展起来的，较为稳定的生活方式、生活作风、传统习惯、家庭道德规范以及为人处世之道等。家庭文化是建立在家庭物质生活基础上的家庭精神生活和伦理生活的文化体现，既包括家庭的衣、食、住、行等物质生活所体现的文化色彩，也包括文化生活、爱情生活、伦理道德等所体现的精神境界和文化色彩。作为一种文化现象，家庭文化是人类文化的重要组成部分，有着十分丰富的内容。

对于汉字“家”，很多人这样解读：“宀”下一个“豕”。“宀”，山洞之象形，可以认知为洞穴和房屋；豕，指猪。远古时期，人没有定居之时，过着游猎生活，而在游猎的过程中抓到了野猪，就把它绑在山洞里，与人同居一洞。古代生产力低下，人们多在屋子里养猪，所以房子里有猪就成了人家的标志。

中国的家文化的形成，最早可以追溯到远古时期，从原始社会人们必须群体生活才能生存，最早的组织是血缘关系组成的氏族部落，这便是“家”的雏形，经历了上万年的时间，最后逐步衍化到各部落之间为食物进行互斗。在这个过程中起到最大作用的就是家族，家族是人类生存发展的基本保证，母系氏族转化成父系氏族，这种血缘繁衍关系是根本原因。到黄帝时期，黄帝是靠家族的力量打败蚩尤，形成多种部落的联合，成立了国家式的部落联盟体制，对于黄帝来说，天下的人都是他的子民，天下是一家人，他则是最大的家长，由他制定家规、家训，进而形成了最早的家文化体系。这一体系对国家的体制和黎民百姓都产生了深远的影响。

在以孔子为代表的儒家学说的兴起过程中，在伦理道德方面，对“天下是一家”的家文化思想进行了进一步的细化，为家的管理制度提供合理的思想理论，并在信仰、思想、行为上给予理论支持，从而丰富了家文化思想，是对家文化的信仰和管理思想的补充，经过几千年的发展，结合儒家思想的三纲五常的伦理道德，进而形成了中国独有的家族文化体系，比如家规、家教、家训，并代代相传下来。在西方国家追求人人享受独立、自由的同时，由于受中华传统文化的影响，中国人一直秉承孔孟之道，信奉忠孝、仁义、家和万事兴的儒家理念，依旧延续着家庭生活的习惯，甚至祖孙三代生活在同一屋檐下的情况比比皆是。也正是因为这样，中国五千年的传统文化得以保存和传承下来。

直到今天，无论传统文化和人的精神层面发生怎样的变化，“家”依旧是维系所有中国人的地方，中国人一生受到家庭教育、家庭文化的影响，对中国人的成长影响巨大，每个人的成长都离不开家的影子。显然，“家”是中国人的精神信仰，是中国人内心最深处的根；而“家文化”已经成为中国人特有的爱的文化。

纵观中国的发展历史，“家”始终是中国人磨灭不掉的印记，它承载着所有人对生活的最终幻想和归属，家文化将中国的政治、传统宗教、礼俗与文化生活融为一体，使中国文化具备巨大兼容性，并且超越了民族的局限性。

2. 注重家庭文化建设

家庭文化建设的主要目的就是在家庭范围内建立一套符合家庭环境及时有效的交流机制，确保家庭成员之间信息的互相共享，需求的相互了解，情感的有效沟通，并使存在分歧的事件或观点得以妥善解决。同时提升发展家庭成员的沟通交流技巧，有效避免或者妥善解决家庭中产生的矛盾摩擦。为此，需要从以下 6 个方面着手：

第一，在家庭内沟通和共享家庭愿景、家庭使命、核心价值观、处事之道，使之发展成为家庭的信仰。家庭成员共同承认的人生观、价值观、世界观会成为家庭文化中的一部分，基于相似的“三观”可以进行有效的交流沟通。所以，寻求良好的家庭沟通协调首先应共享家庭愿景、家庭使命、核心价值观、处世之道等，发展成共同的信仰。

一是定期举行家庭会议讨论。家庭的价值观的讨论商定对于一个家庭来说是非常重要并且严肃的事情，它会在一定程度上影响每一个家庭成员在学习工作中的发展。因此，在对家庭准则等家庭价值观的商讨修订时要采取严肃的家庭会议形式，并且尽可能定期举办进行讨论及时修正。当然，会议的时间及严肃程度依据所要讨论的问题随机变化。家庭会议的内容，可以根据具体情况进行创新，比如某个家庭成员如果发脾气，就要为家人洗脚一个月，如实完成后可以进行家庭成员都心仪享受的游戏，或者一起看个电影，或者一起吃顿大餐等。只要可以趁着平和安乐氛围进一步提高家庭情感的活动都可以。

二是促进家庭内的分享交流。分享交流已逐渐成为现代家庭教育中的重要组成部分。充分有效地分享交流可以帮助家庭成员对彼此心目中的愿景、家庭使命、核心价值观等充分了解，并相互理解，促进家庭成员共同为家庭愿景而努力奋斗。以阅读为例，家庭分享阅读可以培养家人良好的阅读习惯，尤其是对孩子的影响更大。经验表明，每天20分钟的亲子阅读活动，将改变孩子的一生。在这方面，父母要为孩子营造一个安静、温馨、明亮、舒适的阅读环境，或者和孩子一起经常光顾书店、书展、图书馆等地方，让孩子体验读书的乐趣等。

三是家庭成员协商制定现有准则、家训等。生活中无规矩不成方圆，家庭范围内保证家庭成员没有出格的行为和举动，也需要与家庭成员约法三章。同时家训是中国传统文化的重要组成部分，对个人的修身、齐家发挥着重要的作用。

四是发展人际沟通技巧。家庭沟通交流的过程中掌握必要的技巧是非常重要及有效的。沟通技巧不但可以有效地帮助人们进行问题的协商与解决，同时也可以缓解很多矛盾的产生。比如，在矛盾产生之前适当的示弱，也许就避免了矛盾激化；与家庭成员换位思考，可以很好地理解并就问题达成一致意见等。

第二，保持家庭情感。“家庭情感”是家庭成员在现实生活中对家庭中所发生的客观现象所持的态度的体验，同时一定程度上也反映了该事物与个人的心理倾向（期望的目标、需要及态度意向等）的关系。主要包括家庭成员之间感情和家庭成员对家庭中客观现象的主观态度。保持家庭情感是家庭及成员借以达到消除摩擦隔阂，保障家庭和睦，促进能力发展等目的，从而提升家庭幸福指数的重要途径。

一是了解家庭成员对家庭客观现象的主观态度并充分理解和沟通。通过多种途径了解记录家人的喜好、厌恶、原则，出于对对方的考虑和为了对方的利益而关心家人的行为和情感，并参与其他家庭成员的活动，保持适当的情感介入程度，增进家人间亲密感，保持家庭稳固和幸福。同时，要对家庭常见的现象的主观看法进行评估。比如家庭的分歧有哪些，家庭成员的观点有什么不同。此外，要通过理解和沟通解决家庭成员之间的小争执。

二是消除摩擦隔阂，提高家庭情感问题的解决能力。温馨，家庭不可或缺的气氛，相互恩爱，相互诚恳，相互理解，相互容忍，出以真情，不杂私心，家庭和睦，其乐无限。只有了解并解决家庭中常见和特殊的问题，消除摩擦隔阂，才能达到家庭和睦的境界。俗话说“清官难断家务事”，家庭里的纷扰本无对错，每个人从不同角度出发，判别标准也不同。实际上，判断对错并不重要，让当事人反思并参与到问题解决中才是关键。对家庭中可能出现的情感危机和家庭特殊人群可能出现的情感问题提出预防和解决措施，如婚外情的发生、空巢老人的心理问题、青春期子女的教育问题等。

三是促进家庭成员间和睦、家庭情感升温。家长是家庭情感氛围建设的主导者，是家庭中促进亲和力、施与爱和分享爱的轴心，故应掌握建设家庭情感氛围的技巧和方法。也只有掌握了科学有效的技术和方法，才能处理好具体问题，促进家庭成员和睦相处，从而使家庭长期处于幸福快乐中。比如，在促进和谐的夫妻关系方面，夫妻作为家庭的基础轴心，只有夫妻间感情融洽、互爱、互助，才能形成温馨、和睦的幸福家庭。由于婚姻是以爱情为基础的，而爱情又是建立在感情基础上的，而感情是需要培养的，因此，对于婚姻而言也是需要培育的，在婚姻的各个时期都要注意感情的培养和调适，才能白头到老、爱情永驻。再如，在建立良好的亲子关系方面，一个人的基本态度、行为模式、人格结构，在婴儿期的亲子互动过程中早已奠定基础，再经其后的儿童期、青年期等身心发展的重要阶段，逐渐形成个人的独特人格。亲子关系直接影响子女的生理健康、态度行为、价值观念及未来成就。除此之外，还有培养和调适好其他家庭关系，包括婆媳关系、祖孙关系、兄弟姐妹关系、妯娌关系、叔侄关系、姑嫂关系等。

四是建立适宜的家庭氛围，建立长期优化体系。家庭情感气氛指的是家庭成员之间交往互动时发生的某种情绪和所采用的方式。家庭情感氛围建设不是一蹴而就的，而是一个艰巨漫长的循环过程。要使家庭情感氛围始终处于一个良性运行过程，家庭成员就要不断优化，随时调控。

第三，明确家庭成员的义务和活动。“义务和活动”是每个家庭中必不可少的环节，良好的义务分配可以保障家庭劳务和责任有条不紊地履行实施。家庭中常见责任分类一般分为法律规定的义务与责任和道德约束的义务与责任。法律规定的义务与责任多局限于夫妻抚养儿女、赡养老人及夫妻间的两性义务。道德约束的义务与责任中，夫妻还需要为家庭提供经济上的便利，呵护家庭成员的人身安全和心理健康，以及家庭中日常需要的义务劳动。合理处理好家庭中的义务活动，可以很大程度上促进和谐的家庭氛围。而和谐的家庭氛围是生活质量的保障，也是夫妻关系的基础和两个人事业发展及人生规划的最有力推手。

一是了解家庭中所必需的义务与责任。家庭成员应清楚了解家庭中所应该担负的义务与责任，以便合理分工，保证家庭成员都为家庭的义务活动做出贡献，同时又不过于劳累某个特定的家庭成员。了解家庭中的义务责任的途径可以参考身边或网络平台中良好的家庭，也可以留意生活中的点滴。彻底了解家庭的义务与责任，首先要参考良好和谐家庭中存在的义务与责任以及分工。良好和谐家庭中每个家庭成员应清楚家庭中日常的劳务活动，夫妻间理应相互体贴、互帮互助，子女也应多为父母着想，学习帮父母承担家务劳动。

二是对家庭义务进行有效分工。对家庭义务分配之前可以参考其他家庭的分配方式，结合自身家庭情况分析其中的优势和弊端。对分工进行评估以避免和修正不合理的分配，尽可能保证平等分配、合理分配、分工合作的分配原则。

三是积极完成落实所负责的义务责任，家庭成员间相互督促。家庭中每一个成员都应为了追求家庭的和睦健康而积极完成落实自己所应当承担的义务活动，这是作为家庭成员的责任。同时为保障相应义务责任落到实处，家庭成员可以视家庭情况制定不同的监督制度，督促家庭成员认真履行；为保障监督机制完善进行，必要情况下可以建立奖惩机制，督促监督机制的有序进行。

四是提高家庭成员处理部分家庭义务的技能。我国人民群众操作家务目前还是以手工为主，因此，更应坚持这样的原则：可做可不做的事坚决不做，能简化的事要尽量简化。删繁就简，改变传统的生活方式。进步从学习开始。对于家庭义务处理也同样如此，家庭成员应不断学习家务劳动的处理方法，结合自身家庭的特征妥善地处理自身家庭义务活动。

第四，安排好休闲与娱乐。休闲与娱乐是每个人追求快乐寻求压力释放的天性，每个家庭成员都会因为社会环境和家庭琐事等的压力而产生紧张等负面情绪。家庭成员通过共同参与家庭休闲娱乐活动缓解和摆脱外在压力，促进家庭成员间的交流，消除隔阂，增进情感，使家庭成员感到身心愉悦，家庭情感得以升华。

一是缓解家庭成员生活和环境压力。每个家庭成员都会因为社会环境和家庭琐事等的压力而产生紧张等负面情绪，每个人都有追求快乐、寻求压力释放的天性，所以缓解压力便属于最基本目标。为此，要制定休闲娱乐时间表，选择适合的休闲娱乐方式，多进行社交类休闲娱乐。

二是增加家庭成员的感情交流，促进情感升华。家庭成员一起休闲娱乐，并在娱乐的同时进行沟通交流，分享生活点滴，可以极好地增进家庭成员间的情感交流，促进情感的升华。家庭范围内进行的休闲娱乐要尽可能考虑到所有的家庭成员，选择家庭成员都适宜的休闲娱乐方式，可以很好地拉近家庭成员之间的距离。在这方面，父母陪同孩子一起参与娱乐，可以切身体会孩子的心理活动，通过娱乐让孩子感受到父母的支持与认同，可以极有效地拉近父母与孩子的距离。

三是培养积极健康的休闲娱乐习惯。不少人缺乏对休闲的真正认识，不明确如何合理分配休闲时间和物质条件，充分地享受休闲。考虑到文化素养、道德观念、思想修养等的范畴，才能培养积极健康的休闲娱乐习惯。所以，家庭成员可以彼此首先了解熟悉受欢迎的健康积极的兴趣爱好，逐渐尝试选择适合自己的。在熟悉其他人的兴趣爱好后，结合自身的兴趣点及一些必要的方法筛选一批自己的兴趣爱好，在初步尝试时留意过程中的愉悦感并考虑家庭条件的基础上最终确定自己的兴趣爱好。在这方面，有意识地培养孩子的兴趣爱好，既可以增添孩子在童年时期的美好经历，也可以帮孩子预留一份在成长过程中持续获取愉悦的途径，对孩子身心健康的发展有很大的帮助。

四是注重在休闲娱乐过程中增长见识，培养能力。家庭在参与休闲的过程中不仅可以缓解压力获取愉悦，同时休闲娱乐还具有价值特征。家庭成员可以通过娱乐感受到生活的意义，既丰富了人生的内容，而且得到了精神上的极大满足，比如，学习规划旅游攻略增长见识，参与体育娱乐休闲强健体魄，参与益智类休闲娱乐锻炼头脑等。

第五，积极推进家庭社交。家庭社交是家庭活动中必不可少的一部分，是以家庭为单位与外界相互作用的活动形式，在家庭社交中需要遵守一定的原则和礼仪，从而实现信息交流、塑造家庭形象等目标，促使家庭良性发展。

一是建立和睦的邻里关系。发展良好的邻里社交，建立以认同感为纽带、以“和而不同”为沟通原则的新型邻里关系。邻里之间真诚相待、友好相处、和谐相邻，不断增进邻里交流，建立和睦的邻里关系。在与邻里交往过程中，难免会发生矛盾，要学会处理矛盾的技巧和方法，合理处理邻里之间的纠纷。

二是与家族其他家庭建立和谐的关系。在家族发展过程中，家族中的家庭可能会分散在各地，但他们的和谐相处是家族稳定的关键，要与家族其他家庭发展良好的关系。要了解对方的风俗习惯和礼仪，建立良好的沟通机制。家庭之间要开展合作，有效处理家族事务，建立并维护家族声望，增强外界对家族的认同感；建立家族间的危机应对机制，妥善处理家庭内部的紧急事件，保证家族的稳定，建立并维护家族声望，增强外界对家族的认同感，在家族发展的历程中形成家族特有的文化。此外，还要掌握一些特殊关系的处理方式，有效维持家族关系的稳定。

三是密切联系社区，发展良好的社区关系。家庭与社区社交主要涉及两方面的内容，一方面家庭在生活中要使用社区中的资源，比如社区医院、社区办事处、社区运动设施等，与社区保持良好的关系将为家庭的生活提供极大的帮助；另一方面，家庭也要为社区的发展做出一定的贡献，比如参与社区活动、保护社区环境等，在贡献中能够塑造良好的家庭形象，为建立良好的社区关系建立基础。要与社区保持密切的联系，熟悉社区的地理环境和人文氛围等方面的特点，了解社区的基本服务类型，合理利用社区中的资源。在使用社区资源中学会理解尊重，自觉遵守社区既定的规则，掌握与其他人交流的方式，真诚待人，尊重他人。

四是发展家庭社交圈。要以个人关系为依托建立家庭关系网，个人关系包括同事、密友、同学、朋友等，将个人关系与家庭社交融合在一起，在了解的基础上开展两个家庭之间的活动，将两人之间深厚的友谊转变成两个家庭之间相互扶持的情感。通过生活中的点滴小事塑造家庭形象，待人接物要热情，积极开展各个家庭之间的交流与活动。与其他家庭交往过程中要相互帮助、相互扶持，尽自己所能帮助其他家庭，进而提高两个家庭之间的信任度。两个家庭之间发生矛盾是在所难免的，要掌握解决矛盾的方法，合理处理两个家庭之间的纠纷。

第六，发展家庭参与文化。“参与式文化”的主要特征是多人参与科学决策，与传统的一人决策不同，家庭的每个决定都是由两人或两个以上的人参与的，在参与的过程中家庭成员能产生归属感和责任感，这样的决定是家庭智慧的综合，有利于家庭的良性发展。一个家庭从建立到消亡，涉及成千上万的家庭活动，这些家庭活动或大或小，差异巨大。而人的时间精力是有限的，不可能做完家庭活动涉及的所有事情。另外，每个人的能力是不同的，一个人可以做好 A 事不一定能完成 B 事，比如家庭妇女可以烧一手好菜，却换不了灯泡。建立参与式文化可以让家庭的每个成员都参与到家庭活动中，找到自己所擅长的事情，将自己的能力发挥出来，为家庭的更好发展做出贡献。

一是及时传达家庭信息。要使家庭每个成员都了解家庭的基本情况及决策信息，以此为家人参与决策和家庭活动奠定基础。为此，要熟悉每个家庭成员的工作、学习和社交情况，加深彼此之间的感情，建立良好的沟通机制，为参与式文化奠定基础。根据不同的决策类型将家庭决策传达给相关家庭成员，提高家人对家庭的认识，培养责任感。

二是家庭成员要积极参与到家庭决策过程中。要提高家人的参与意识，保证家庭决策的科学性和民主性，促进家庭的良性发展。在良好沟通机制的基础上，培养家庭成员的参与意识，使家庭成员主动参与到家庭决策和家庭活动中。明确决策的核心问题，结合每个成员的个人特点对决策内容合理分工，充分收集家人的意见，共同决策，保证决策的科学性和民主性。决策中难免会出现分歧，要学会妥善处理这些矛盾，化矛盾为催化剂，一方面提高决策的合理性，另一方面通过矛盾时家人之间互相的磨合，增进彼此之间的感情。

三是家庭成员参与家庭各项家庭活动。根据家人工作和生活的特点，合理分配家庭活动的任务和责任，保证每个家庭成员参与家庭每个活动域的建设。定期开展家庭范围的集体活动，合理安排活动的时间和内容，有效增进家人之间的感情，创造参与式文化的氛围。在家庭初步建立参与式文化的基础上，形成参与家庭活动的评估体系，家人之间相互监督，共同履行义务和责任，为家庭的发展做出贡献。保证家庭参与式文化建立的可持续发展，不断优化，不断改进。

需要指出的是，在家文化建设与落实的过程中，家庭主要成员尤其作为一家之主的当家人的高水平，是家庭文化建设的主导力量，他们的价值观念、道德品质、审美趣味、业余爱好，制约着家庭文化建设水平的高低。如果他们自己具有较好的思想素质、健康的审美趣味，这个家庭的文化建设就会健康迅速地发展。反之，这个家庭的文化建设步子就会缓慢，甚至停滞不前，或者出现偏差。同时，由于家庭与社会的特定关系，家庭文化建设不能孤立地进行，只有社会各方面自觉地配合与协作，家庭文化建设与落实才能顺利进行。

信仰拯救急功近利的企业

急功近利、道德滑坡的企业问题，已经引起了社会各方面的警觉。企业是经济的主体，企业家要有道德。每个企业家都应该流着道德的血液，每个企业都应该承担起社会责任。企业决策者要有道德感，就必须承担起社会责任，就必须把企业从对利润的追求中解脱出来，勇于承担起社会责任，并实现社会责任与品牌形象的良性互动，只有这样，才能实现企业的基业长青。怎样灌输和养成社会责任感呢？这不能不引起我们的深思。

企业与事业

我们中国人很容易把做企业或者赚钱视为干事业，而且认为，企业做得越大、钱赚得越多，事业就干得越大。做有信仰的企业家，将服务于天下百姓当作自己的事业，首先需要弄明白“企业”和“事业”的概念，厘清两者的区别。

1.“企业”和“事业”的概念

在现代汉语中，“企业”一词源自日语。与其他一些社会科学领域常用的基本词汇一样，它是在日本“明治维新”后，大规模引进西方文化与制度的过程中翻译而来的汉字词汇，而“戊戌变法”之后，这些汉字词汇由日语被大量引进现代汉语。

百度百科对企业的解释是：企业一般是指以赢利为目的，运用各种生产要素（土地、劳动力、资本、技术和企业家才能等），向市场提供商品或服务，实行自主经营、自负盈亏、独立核算的法人或其他社会经济组织。

《现代汉语词典》中对企业和公司有不同的定义：企业是指从事生产、运输、贸易等经济活动的部门，如工厂、矿山、铁路、公司等；公司是指一种工商业组织，经营产品的生产、商品的流转或某些建设事业等。

依照中国法律规定，公司是指有限责任公司和股份有限责任公司，具有企业的所有属性。因此，凡公司均为企业，但企业未必都是公司。公司只是企业的一种组织形态。在2005年10月27日修订的《中华人民共和国公司法》中第二条则有这样的描述：“本法所称公司是指依照本法在中国境内设立的有限责任公司和股份有限公司。”通常使用“公司”这个单词时，其含义较为广泛，很多时候个人独资企业、合伙企业也称为公司，但是在法律条文中，公司仅仅指有限责任公司和股份有限公司。若按照公司的法律意义，以下定义可能更合适一些：独立承担民事责任的从事生产或服务性业务的社会组织。

“事业”一词由来已久。《易经》中说“举而措之天下之民，谓之事业”，意思是做了自己喜欢的事情，却又帮助了他人，这个就是事业。南怀瑾先生有一次给工商界人士讲学时说：“一个人一生里做一件事情，对世界人类永远有功劳，永远有利益给大家，这个才叫事业。像大禹治水，这叫事业，因此他为万世所崇仰，其功永不可没。上面最高到皇帝，下面最低到讨饭的，都不是事业，那是职业。在座的工商界老板生意做得很好，赚钱很多，要讲事业那还差得很远。”南怀瑾先生的论述鞭辟入里，揭示了“事业”的真正内涵。

百度百科认为“事业”一词有4种含义：一是指人们所从事的，具有一定目标、规模和系统的对社会发展有影响的经常活动；二是特指没有生产收入，由国家经费开支，不进行经济核算的文化、教育、卫生等单位；三是有时也可以指个人的成就；四是有时也可以是一个家庭幸福的意义。

2. “企业”和“事业”的内涵

现在有句流行的话说：三流企业做事，二流企业做人，一流企业做德。如果非要把做企业视为做事业的话，那也该首先坚持道德第一，使企业生产出来的产品或者提供的服务必须货真价实，为所有的消费者负责。道德第一的前提是人的道德修养，不论我们做企业还是做任何职业，都应该把做人放在首位。用“中国式管理之父”曾仕强教授的话说，就是“人人凭良心，事事立公心，从我先做起”。如果连做人都不过关，别说做企业了，就是做别的任何事情都将成为一句空话。

事业并不是所有的人都乐意去努力或者所有的人都能实现的。很多人常说我们要拥有自己的事业，其实这个目标是个很高层次的概念。事业是一个人可以一辈子为之奋斗的，终其一生去为实现自己的目标而坚持不懈地努力。它是解决人类最高层次的需求，社会认可和自我价值的真正实现。在这个过程中，有事业心的人不管路途再遥远，不管上班事情再多，也不管工资收入再少，只要他喜欢，就会去从事。事业是由人自己确定的人生目标和理想，并不惜一切个人资源和努力为之奋斗，包括自己的人生。

古人讲究舍得智慧，这对人生事业尤为重要。老子在《道德经》中说：“将欲取之，必固与之。”后人对这句话的解释是，想要得到一些东西，必须先暂时给予一些东西。就像钓鱼，想要钓到鱼，必须先在鱼钩上放鱼饵。说起来似乎很庸俗，其实从不庸俗的角度去看，这是一种“舍得”智慧。即有舍有得，不舍不得，大舍大得，小舍小得。舍得是一种人生智慧和态度，是拥有超越境界来对已得和可得的东西进行决断的情怀和智慧。拥有舍得智慧，人生事业才会成功。

对于今天淘宝网的成绩，有人曾用“大舍大得”来形容马云的战略选择。因为舍得投资、舍得“烧钱”、舍得自己先不赚钱，马云才成功实现“跑马圈地”的目标，淘宝网也得以在2010年就实现了50亿元的赢利。这和马云始终坚持的想法一脉相承：“淘宝要真正赚钱，我还是这句话：要开始考虑赚钱的时候，是你帮别人真正赚了钱的时候。”

在帮助别人挣钱的同时，马云还坚持让别人更方便地赚钱。“我们不但不收钱，而且菜比他们的好。如果你的菜不好，免费也没有人吃——吃了拉肚子怎么办？免费只是一个手段，你必须创造出比收费更好的服务、更高的价值，你才有机会赢。”换言之，智商问题归根结底就是道德问题。

3. 做企业与做事业的关系

现在有不少处于创业初期的人，因为急于证明自己抉择的正确性，就迫不及待地要看到立竿见影的后果，休说“一万年太久”，就连几年甚至一年都等不了，所以他们的眼睛只盯着客户的钱袋。这样的眼界未免太狭窄了，客户凭什么要买你的账啊！这类创业者应该听听马云的建议：先让别人挣到钱，自己再去赚钱！

下面是2014年6月30日，在浙江杭州西溪湿地的太极禅苑（马云与李连杰合建的太极馆，2013年9月10日正式对外营业），日本“经营之圣”稻盛和夫和马云的一次对话节选。请创业者体悟一下做企业与做事业的关系。

稻盛和夫：在日本，我经常听到或者看到关于你的故事，在IT（互联网技术）行业，你在世界上创造了一个企业神话。

马云：那年（2008年10月28日，在日本东京的日本京瓷公司总部会议室，44岁的马云和76岁的京瓷创始人稻盛和夫先生的一次对话）和您交流后，让我受益匪浅。我把做企业，从当成一种乐趣，到做成事业，再把它当成做人一样。这一路上，我学到了很多。我对稻盛先生的思想、哲学、观点尤为赞赏。我认为，中国企业在管理中间，必须要有一个强大的思想和文化基础。我听说您去寺庙做了一年“和尚”。我当时说，60岁时也想去做一回“和尚”，但我的太太不同意（在场的人都被马云的玩笑逗乐了）。其实，我们做企业的人，天天都在修行，在工作中，在生活中，碰到的所有灾难、快乐都是一种修行。我看了您的《活法》，觉得很有意思。我以前最早学习道家哲学，从中明白到了领导力，而儒家思想讲究管理，佛家思想讲究做人，三位合在一起，方为中国文化的精髓。我觉得，阿里很幸运，这

15 年走到今天，未来还有 87 年要走（马云所说的 15 年后还有 87 年，源于他的比百年企业多两年的目标，即 102 年的目标。下面的对话中有相关解释）。前面 15 年的成绩，有运气的成分，但更重要的是，我们坚持了自己的使命、价值观和文化，坚持了“别人好了，我们才能好”的理念。我们无法确保他们一定会过得好，但是希望他们因为用了我们的服务及合作，比昨天要好。

稻盛和夫：你的想法很好，让我很受感动，因为我们的想法很一致。修行，无论是困难时还是好的时候，每一天都在进行。阿里巴巴只用了 15 年，就做到这么大规模，了不起！许多人会因为成功而傲慢，但是，你与其他人不同，你并不傲慢。那么，能否具体说说 102 年这个概念是什么？

马云：亚洲企业，尤其是中国企业，比较讲究做“百年企业”。但“百年企业”的概念不够准确。阿里巴巴成立于 1999 年，20 世纪有 1 年，这个世纪 100 年，然后，到 22 世纪就是 102 年。我认为，我们把基础架构好，就能做到 102 年。我的眼界只能看到 102 年，也就是 2101 年。我相信，后人会比我做得更好。

稻盛和夫：你的 102 年的目标，非常好，非常远。

马云：稻盛先生，我是度日如年，度年如日啊。我特别感谢您，说我现在很谦虚。其实，我也没有特别值得骄傲的事。因为，时代的运气，这么多人的努力，几万名员工一点一滴地付出，才有今天的结果。我更明白，当年我们是从哪里来的，我们有什么，我们要什么，我们又该放弃什么。我们都是穷孩子出身，一点一滴地做出来的。这么多年来，有两点特别重要，一是感恩之心，感恩今天，感恩昨天；二是敬畏之心，所谓信仰，信就是感恩，仰就是敬畏。我们到今天为止运气都特别好，但未必明天运气还这么好。我们就是把这些想明白了。

稻盛和夫：我非常敬佩您。我听了后，才知道，你能在这么短的时间内把企业做这么大，确实有气量，确实大气。我现在明白，为什么这里叫太极禅苑了——这本来是我要问你的一个问题。

马云：道家讲究和谐，儒家讲究规矩，佛家讲究包容。我从太极中悟到，事情并没有好与坏，关键是看你怎么看。太极不仅是健身，也可以产生思想的交流。禅是生活的方式，到这里来的朋友，可以天南海北地聊，发表各种看法。我能与稻盛先生在此交流，非常荣幸。

在中国做企业，需要好的“中药”，把儒释道几家合在一起，才真正是好的“药”，否则任何一味药都可能是“偏方”。太极是整合了儒释道的具体路径，太极讲究的是化，而非攻，这里面其乐无穷。

培养员工对企业的认同感

现实中，有很多员工都有这样的想法：公司是老板的，又不是我的，凭什么要我尽责？这反映出员工缺乏对企业的认同感。

1. 员工缺乏对企业认同感的表现及原因分析

员工缺乏对企业的认同感，具体表现在以下几个方面：

一是蔑视本职工作，认为本职工作要不要无所谓。标志性语言：“这活干了有啥用啊？”

二是不学无术，不具有做好本职工作的能力，还不努力掌握做好本职工作所必需的知识、技能，搪塞工作安排。标志性语言：“我还不会，让别人做吧。”“我还不懂，让别人做吧。”

三是马虎应付，对于自己承担的工作，随随便便，不求高质量，高品质，总是让领导、同事给自己的工作进行修正。标志性语言：“我就这水平！”“我能力就这么高！”

四是被动执行，不安排就不做，安排了凑合着做，从不主动想工作的内容是什么、标准是什么，我该做什么、我该怎么做。标志性语言：“领导安排的我都做了。”“没有人给我说让我做、没有人给我安排去做什么。”

五是牢骚满腹，对于自己的工作，总觉得不该自己做；做一点工作就觉得冤枉。标志性语言：“我手头活多着呢！”“咱命苦啊！”“我还不如干……呢！”

为什么会出现这种现象呢？仔细分析，有以下几个方面的原因：

一是因为惰性。美国哲学家威廉·詹姆斯曾说过，几乎没有人在处理问题和对付生活的挑战时能发挥自身潜能的10%以上。也许这种潜能的限制导致人们在处理问题的时候总是会产生惰性，惰性的后果就是使员工在工作中出现拖延、依赖、逃避等现象。责任感需要员工付出更大的努力，要做几倍于别人的工作量，这是非常辛苦的。而人自身的惰性导致了人在工作中得过且过，不会费力地倾注更多的热情。

二是因为从众心理。从众是一种较普遍的社会心理和行为现象。人离不开社会，必然受到其他人的行为影响。当一个人在群体当中与多数人的行为或意见不一致的时候，他会感受到来自外界的压力；当这种压力大到一定程度时，他在心理上就很难承受，难以抵抗，就会采取与他人一致的行为或意见。所以当企业中大多数人不具备责任感的时候，有些人为了维持和他人的一致性，不突出表现自己，而压抑自己的责任感。

三是因为公平心理作祟。由于在工作中肩负的责任越重，所需承担的代价也越大，一旦出现问题，自己将得不偿失，不如明哲保身。

四是自身条件的束缚。员工认为自己的能力、素质无法与其他员工相比，故而在工作中不敢承担责任。自卑心理往往是这种原因的最直接根源。自卑表现为对自己能力和品质的评价过低，如果员工不能客观地、恰如其分地评价自己，就容易产生自卑心理，从而没有勇气去承担责任。

其实，工作也像人生一样，同样可以提出一连串的问题：为什么有人富裕却不知足，为什么有人不断地追求权力与地位而无法自拔，为什么有人丰衣足食、家庭和睦还无法满足，为什么有人甘愿成为丑闻主角，甚至去犯罪……就是因为很多人找不到生活的意义价值，迷失了人生的方向。人为什么活着，人类生活的意义、人生的目的到底是什么？也许许多人都没有思考过，或者思考过却不得而知。

2. 员工如何培养对企业的认同感

员工如果总在抱怨身边的事情，经常对公司的一些不公充满愤怒，穿梭在物欲横流的世界里无法满足，就会被欲望所支配，精神世界一片空白。那么，员工如何去改变这种状态，培养自己对企业的认同感呢？

首先，要能正确理解工作的意义。获得生活的报酬确实是工作的基本功能，然而并非全部意义，工作最重要的意义就在于让我们在社会上找到属于自己的位置，让我们在创造价值的过程中获得真正的幸福与快乐。因此，表面看是我们成就了一番事业，实际上是工作成就了我们。

其次，是按照日本“经营之圣”稻盛和夫《活法》的要求，确定几项做人做事应该遵守的原则：

一是简单原则。越是看起来复杂的事情，越是可以通过简单的方法得到解决。大多数情况下，我们所遇到的问题并不复杂，但由于我们的思维方式有偏差、理解能力上的差异或缺少沟通，使得明明简单的问题被人为地复杂化了，牢记稻盛和夫先生的简单处事原则，你会发现其实世界都很简单。

二是认真原则。认认真真做事，踏踏实实做人。以一颗认真的心对待每个人，以认真的态度面对你所做的每件事。认真地做出人生的每一次选择，认真地抓住人生中的每一次机遇，怀着一颗真心，朝着自己的目标迈进。

三是诚实守信原则。诚信不仅是稻盛和夫先生一贯坚持的原理原则，也是中国儒家思想中最核心的理念之一。孔子说：“人而无信，不知其可也。”可见诚信对一个人多么的重要。世界在变化，社会在进步，但诚信却被视为人性中最具价值的宝贵品性保留下来，并世代传颂。诚信是一块试金石，验证着人品的高下；诚信也是人立足于社会的根本。以诚信为本，信守为原则，用诚恳之心做事做人，才能收到好的结果。

四是谦虚谨慎原则。上帝给我们两只耳朵一张嘴，就是让我们学会多听、少说，既要谦虚地听取，还要善于反省自我。“满招损，谦受益”，时刻纠偏。尺有所短，寸有所长，三人行，必有我师，虚心学习，方能进步。

五是坚持不懈原则。把平凡化为非凡的是“持续”、把失败转为成功的是“坚持”。坚持未必成功，但遇到困难就放弃，是绝对不能成功的，这是一个很简单的道理，我们都知道，但做到需要我们持之以恒。一分耕耘，一分收获，只要你肯付出就会有所得。持之以恒，坚持到底，你将收获丰硕的果实。

六是利他原则。爱有大小，小到孝敬父母是爱，友爱家人是爱，帮助朋友是爱；大到热爱国家是爱，奉献社会也是爱。予人玫瑰，手有余香，爱人即爱己，帮助别人就是帮助我们自己。用一颗博爱之心，拥抱世界，感到幸福的首先是自己。

现代社会，经济飞速发展，竞争惨烈、节奏加快，信仰缺失，迫于利益的驱使，一些人早已忘记了人之根本。如何拨开迷雾，重塑自我，《活法》给予了我们启迪。稻盛和夫先生全书都在诠释自己的“活法”，回答了“人活着到底是为了什么?”——“在于提升心性、锻炼灵魂”，“是为了做一个比降临人世之初更好的人。”

培养员工对企业的认同感，核心是树立主人翁精神。一个拥有主人翁精神的人，并不仅仅是让自己成为企业的主人，而是让自己时刻与公司血肉相连、心灵相通、命运相系，用这样的心态和信念去做好每一件事情，去面对每一个客户。事实上，如果一个员工用主人翁的心态来对待企业，企业将会给员工巨大的回报。

不做自以为是的老板

有些企业主，信奉“我是老板，我的地盘我做主”的哲学，往往自以为是，作风霸道，以至于养成一种“傲”气，形成一股“牛”气，处处以“我正确”的面貌示下，事事是“我说了算”“必须按我说的办”。这些自以为是的老板一定要反躬自省，认清形势和能力，自己毕竟不是“双面胶和万金油”什么都懂。

1. 自以为是老板的表现及类型

自以为是的老板在企业中相当普遍，他们一般有以下几种表现：

一是思想上的任意性。自以为是的老板在对各种工作问题的分析和决策上，往往过多地相信自己的判断，凭借自己的经验，很少能听进别人的建议和意见，即使是正确的，也听不进去。

二是行动上的随意性。自以为是的老板办事大多“雷厉风行”，他们往往事先不商量、不通气，想到哪里就做到哪里，工作缺乏计划性，正可谓“脚踩西瓜皮，滑到哪里算哪里”。

三是结果上的危害性。自以为是的老板的所作所为，虽然也有有利于工作和事业发展的一面，但由于其思想上的任意性和行动上的随意性，所作所为虽说会给单位成员带来一份惊喜，但更多的时候往往带来的是惊异和措手不及。

如果具体分析，自以为是的老板往往有以下几种类型：

一是品德不佳型。中国人都是很有良心的，如果老板的德行不够，员工就会认为：像你这样的老板，我对你讲良心干什么？老板的品德好，员工才会心安，才会尽心尽力，各负其责，将自己所有的长处都发挥出来；老板的品德不好，员工就开始动“歪”脑筋了。

因此，作为一个老板，首先，要以身作则。以身作则不是要求你的技术领先，这是不可能的，也不是说样样做表率，那也是错误的。以身作则专指德行方面，比如，讲信用，处理事情谨慎，对人诚恳，等等。其次，老板要让员工觉得，面对你这样的老板，他们不忍心骗你，这样你就成功了。老板越不信任管理者和员工，管理者和员工就越有可能做对不起你的事，有句话叫作“管得越严出纰漏越大”，讲的就是这个意思。你既然怕我骗你，那我就骗你好了，很多人都会有这种奇怪的心理。

二是随意惩罚型。不少老板为了显示自己的权威，随意惩罚员工。这种做法是极其不好的。如果员工做错就惩罚他，那只是在发泄自己的情绪。

员工第一次做错，要慢慢说明他为什么错了，会产生怎样的后果，该如何补救，怎么改，这就够了。如果员工第二次犯同样的错，就不要轻易放过他，但是也不能太严格，毕竟只是第二次犯错。这时，领导要告诉他，再一再二不再三，如果有第三次的话，后果自负，因为那时所有人都不会原谅他，而不是你不原谅他。这样做，就会渐渐形成一种风气，员工也知道了有错必改。惩罚应针对屡犯者，而不应针对初犯者。初犯就受到重罚，那就没有人敢做事了，因为多做多错，不做不错，多一事不如少一事。大家都无所事事，这个企业如何能发展？

三是亲力亲为型。“每一件事情我不经手就一定会出差错。”这是很多老板经常挂在嘴上的一句话，也是他们引以为傲的一件事。事实上，这往往是老板自己造成的后果。

一个领导在创业初期，确实应该亲力亲为，带领大家一起奋斗；但当企业走上正轨后，老板就要逐渐放手，将权力移交给管理者。这就像教小孩走路一样，当一个小孩蹒跚学步时，你扶着他，他才敢走路，如果你一开始就撒手不管，小孩就会摔跤，以后他就不敢走了。等他渐渐走得稳了，就要放开手，让他自己去尝试，如果此时还不放心，还要扶着他，那他一辈子都不会走。

四是责权自揽型。老板应该奉行这样的策略：大事情，大过失，由高层主管承担；部门经理要负部门的责任；小事情由基层主管负责；老板要对公司倒闭负责任，而公司没有倒闭时，其他主管就得负责任。

千万不要把责任全部往自己身上揽，你有责任，其他的人就没有责任。有很多老板，生平只做3件事：第一，千方百计要证明他的管理层是白痴。第二，忍不住自己要表现，抢管理层的功劳。第三，把所有的责任都扛在自己身上。这是大错特错的。

其实，无论一个企业组织是大是小，它都要有自己的领导者，也就是自己的老板，而老板往往决定着整个组织的生死成败。李嘉诚曾说过：“想当好的管理者，首要任务是知道自我管理是重大责任。要经常反思自问：我有宏伟的梦想，但我懂不懂得什么是节制的热情？我有拼战命运的决心，但我有没有面对恐惧的勇气？我有信息、有机会，但我有没有使用智能的心思？我自信能力、天赋过人，但我有没有面对顺流逆流时懂得恰如其分处理的心力？”

2. 企业老板必须学会的领导力

作为企业老板，必须学会的领导力以下3点是共通的。

第一，企业老板不是一国之王。这种“国王”观念在一些家族企业当中非常常见，他们把员工当成是自己的臣下甚至仆人，拼命地使唤和压榨他们，久而久之，企业也就失去了凝聚力。这也是家族企业难以传承下去的最主要原因。

老板都当自己是国王了，企业如何做大做强？如何持久下去？在认识到这一点的基础上，老板要有良好的心态，做人要大气，态度要和蔼。要充分相信你的团队，重视和善待你的员工，善于向员工授权。既重视员工的培训、升迁和待遇，又注意解决员工的后顾之忧。

第二，让专业的人做专业的事。如今的企业精英，都是高学历的行业顶尖人物。现在是没有实干精神不行，但光靠实干精神也是行不通的。无论是企业战略管理、业务管理、人力资源管理、财务管理，你都不可能做到样样精通。

企业老板只有充分发挥他人的才干，让专业人做专业事，而自己只要把心思花在管理和调动这些专业人士的积极性上即可。当然，你也要学会自学，可以不专，但是都要有所了解。这样才能让你的员工对你产生敬畏感。

第三，要有全局大观，而不要做井底之蛙。作为企业老板，绝不能只盯着自己的天地而不知外界的变化，要适时了解国家的大政方针和经济形势，国家支持什么、限制什么，国家的经济形势如何，下一个阶段的走势如何，你都要有大致的了解。

要对国家的法律法规有大致的了解，对本行业的条款要弄懂吃透。当然，除了懂法之外，最重要的是要守法。在守法的前提下，老板的目标必须明确而坚定，不管遇到多大的困难，甚至是大的挫折，都要百折不挠、勇往直前地向目标迈进。一个企业有这样的老板，特别是在创业阶段，企业要想不发展起来都难。

君子爱财，取之有道

放眼望去，现实世界的人们，几乎都在为成功而焦头烂额、辛苦打拼，大有“天下熙熙，皆为成功而来；天下攘攘，皆为成功而往”的汹涌鼎沸之势。具体而言，仕途上的升迁叫成功，企业经营得红火叫成功，经商赚到大钱叫成功，炒股发家致富叫成功，就连买彩票中大奖也算作成功之一种。那意思就是，只要混得比一般人强，就不由得你不成功了。

1. 真正的成功是心灵的成功

很多人将赚到钱视为成功，这至少说明了以下几个问题：一是我们人生的目的很简单，成功已经成为人活着的唯一追求，所以人人趋之若鹜；二是成功很必需，不管使用什么手段，只要实现比别人强的目标就是好家伙；三是成功很实际，桩桩都看得见、摸得着，绝没有虚无缥缈之叹；四是这种成功的可操作性强，几乎人人都有执成功之牛耳的希望，不成功只能说明自己不是太无能就是太命苦。

既然如此，我们不禁要问：为什么又有那么多所谓的成功人士，因为这样那样的原因而坏了前途、毁了事业、散了家庭、丢了幸福呢？如果成功会给我们的人生带来种种问题和后遗症，这样的成功是真正的成功吗？对我们而言还有意义吗？问题的答案应该不难得出。

究竟什么样的成功才算得上是真正的成功呢？显然应该是没有任何问题和后遗症的成功，才能算得上是真正的成功。

怎样才能没有问题和后遗症呢？那得保证成功前、成功的过程和成功后，都没有问题和后遗症。也就是说，无论何时何地，都保证不做任何有问题和有后遗症的事情。

又怎么才能保证无论何时何地，都不做任何有问题和后遗症的事情呢？这就必须取得心灵的成功。因为取得心灵的成功后，我们就会站在一个常人难以企及的人生高度上。其境界就如同在云端看人间，一切尽收眼底；其智慧就如万斛泉涌，不择地而时出。一个看问题始终都能够通晓因果、高屋建瓴，进而洞幽烛微、看透本质的人，就不会去做那些不当之事，处置事情也不会有什么障碍。

如果再往大处着眼，就连古人推崇备至的所谓“修身、齐家、治国、平天下”的本领，以及“立德、立功、立言”的“三不朽”事业，甚至于“为天地立心，为生民立命，为往圣继绝学，为万世开太平”的襟怀与智慧，其前提都照样是心灵的成功。

如今，有不少人信奉并倡导“读万卷书，行万里路，交万人友”，其真义就是在寻求心灵的成功。但是，在尚未取得心灵的成功之前，又怎么能知道自己不是在读无益之书、行冤枉之路、交烂污之友呢？南辕北辙、缘木求鱼的做派，不亦悲夫！要是没有心灵的成功，我们这一辈子都很可能找不到北，更遑论其他！

2. 君子爱财，应该取之有道

其实，追逐财富，期盼好的物质生活，这是人之常情。在一个逐渐成熟的商业社会里，个人对创造积累财富的努力，也是直接有益于整个社会发展进步的。

即便在儒家传统占统治地位的中国古代，学术大家也不否定“君子”的“爱财”，但同时，“爱财”的精髓却体现在这句古训后面那句上，求财可以，却应“取之有道”。

“取之有道”说来轻松，能始终遵守这个原则却并不简单。面对财富诱惑，有些人定力不足，便利欲熏心，进而不择手段。因此，社会上既有面对500万元中奖彩票而坚持原则的彩票销售人员，也有利欲熏心贪图眼前利益的奸商，甚至还有为达目的不择手段害人害己的“小人”。懒惰、无知、贪婪，将人引向死亡的深渊。只有劳动、知识、智慧，才是构成财富大厦的基石，才是“正道”。

君子爱财是天经地义的，如何“有道”地取财呢？首先，要确立一个基本立场，这就是诚信，它也是做人的基本道德准则。没有诚信，固然能小骗得手，却失去了长久发展的机会。其次，求财还要懂得散财。财富取之于社会，更应力所能及地回报于社会，这是道义责任，也是最好的形象宣传方式。最后，求财更要保持一个稳定的心态。罗马非一天建成，急功近利是致富路上的大敌。

也就是说，无论何时何地何种情况，我们都一定要保持自己身上优秀的品格，不义之财不可取，勤劳致富是正道，君子爱财，一定取之有道，这样的钱财，使人高枕无忧。

《道德丛书》是一部优秀的道德教育和人生修养读物，是学习中华优秀传统文化的一部宝典，至今已流传一百多年。书中有一篇名为《秤的秘密与神的告谕》的故事。

明朝时扬州有一富翁是靠开南货店发财的，他有一子两孙，家庭和睦快乐。后来他卧病在床，临死的时候，将一根秤杆郑重地交付于他的儿子，并嘱咐道：“这秤是我起家的宝物，是用乌木合成的，秤杆中空，灌有水银，卖东西时把秤稍向上翘，水银注纽，别人见了以为重，而不知反而轻，进货时秤稍下倾，水银注尾，别人见了以为轻，而不知反而重。我因此占了不少便宜，所以能致这样的财富呀！”

他儿子听了，心中暗暗惊讶，父亲何以这样不道德。但因他正当病重，不便明言。后来他父亲死了，他就将这杆秤用火烧毁，并力行各种善事，扶危济困，养残恤老，唯恐不及。他这样做是想替亡父忏除罪恶。但由于真诚为善，不到三年家产已耗去一半。虽然这样，倒是他所情愿的，心中并没有什么不快。不料膝下两个爱子，竟相继死亡，这实在是太凄惨了。行善得祸，他因此常叹天道无知，善恶颠倒，心中不免怨恨。

一夜，此人梦至一处状如宫殿的地方，见一官员坐在殿上，当面告诉他道："你父之富，是他前世施舍财物的功德，命中应有，并不是依靠那杆水银秤；即使他不用那秤，一样也能致富。但是他用了那秤，徒然自坏心术，加了一身罪业，至死不悟，自受苦报，这正是他的愚痴。那时天帝因其用心贪恶，所以派了破、耗二星投作你子，以败你的家产。家败之后，还要继以火烧。而你呢，当受你父的余殃，非但衣食不足，而且寿命不长。你父生前以为有这许多家产遗给子孙，一定可以世代享受，舒适不尽。他哪里知道好儿子不能长寿，好孙子是来败家的呢？现在幸得你存心善良，能盖父过。天帝察你三年以来，真诚为善，始终无倦，这是很难得的，所以特命所司收回两星，不久将另降贤子，以光大你的后代，并增加你本人的寿命。你应当勤修善果，勿存怨恨才是呀！"醒来之后，恍然大悟，因此，为善更坚定，后来果然连生二子，皆成进士。

这个故事告诉我们，什么事情的出现都是有原因的，而且都是与我们自己的行为有直接的关系。一个人在追求财富的道路上只有"取之有道"，才能收获美好的人生！

都是急功近利惹的祸

企业家不仅要带领企业创造经济效益，而且也是在完成一桩社会事业。所以对于企业家来讲，要稳步前进，不可急功近利。事实上，在经历了中国改革开放30多年而最后失败的人没有成为真正意义上的企业家，就是因为急功近利，就是因为不量力而行。他们在发展阶段做得非常好，因为他自己可以亲力亲为加班加点什么都管，所以发展大了。但是团队发展大了，管不过来了就要出问题，一个是管理上出问题，另一个是资本实力上出问题，负债率太高，市场一差马上就出问题。

1. 企业家切忌急功近利

企业家首先要管好自己，管不好自己、出了问题，大多是因为急功近利。做企业如果急功近利，一旦遭遇经济环境变化，长期积攒的问题就会集中爆发。比如资金链断裂、管理滞后、成本失控等，造成负利润经营，前景暗淡，以致关门、倒闭。

温州有家私营企业的小老板，看到别人因生产某种塑料产品钱都赚疯了，不由得也心急火燎张罗起来，赶紧筹集了资金，决定也要尽快投资上马这一项目。就在这时，他手下的一名技术员劝告他说："老板，你只要将开工时间推迟4个月，我们就能安装调试好一种目前最先进的设备来生产这种产品，生产出来的产品比现有设备生产的产品要好得多，相信也会畅销得多。"不料，这位老板听了却很不高兴地说："推迟开工4个月？你知道推迟开工4个月意味着什么吗？那意味着我们将白白丢掉上百万元的利润。"并且命令马上开工。不出那位技术人员所料，工厂开工没几个月，就因为配套技术陈旧、产品科技含量太低而使产品陷入滞销。这位老板不得不重新投入巨资对才开工没多久的工厂进行技术改造。

创业者在初涉投资时，易受眼前利益驱动，而忽视长远利益，采取急功近利的短期行为，这样做虽然能够使企业一时获利，却丧失了长远发展的后劲。做企业是一项系统工程，创业者要克服急功近利的思想，更不可杀鸡取卵、涸泽而渔。

与上述这位不知名的老板完全相反的是，著名企业家、万科老总王石做企业的一个心得就是要看长远利益，不要急功近利。下面来看王石的一个例子。

> 1995 年万科在合肥拿到了一块 1000 亩的地，签了土地合同。后来王石去交定金的时候，当时的土地局局长说："对不起，给不了你们 1000 亩，只能给 500 亩，其余 500 亩被另外一个集团公司看上了。但你们万科也不要有意见，少给的这 500 亩地可以给你们补偿。每亩地 3 万元，500 亩就是 1500 万元人民币的补偿费。等于万科一分钱还没交，1500 万元已经到手了。"
>
> 王石回答说："500 亩地你给别人吧，这笔补偿费我不能拿。假如我一亩地 3 万元套现了，等于空手套白狼，一个合同就赚了 1500 万元。公司一年的利润也就是五六千万，我现在突然 1500 万元利润到手，肯定会在公司成为一个传奇故事。这样的话，以后谁还安心给我搞设计？给我搞建设？给我卖房？大家就都学董事长'圈地'去了，我每年都能赚到这种钱吗？肯定不能！我不是土地买卖公司，拿这 1500 万元对公司的长期发展没好处。"

上面这两个企业家，一个默默无闻，最终不知名，一个人人皆知，非常著名，为什么？就是因为前者急功近利，为图一时之利而盲目跟风，后者不图眼前利益，一切为公司的长期发展考虑。

所以，企业家一定要有稳扎稳打做企业的心态，尤其是现在的市场更为成熟，暴利的时代已经一去不复返，企业家更应该一步一个脚印、稳步地向前发展。

2. 避免急功近利，重在克服浮躁

俗话说：“欲速则不达。”做人做事还需忍耐，步步为营。凡是成大事者，都力戒“浮躁”二字。只有踏踏实实的行动才可开创成功的人生局面。急躁会使你失去清醒的头脑，在你奋斗的过程中，浮躁占据着你的思维，使你不能正确地制定方针、策略而稳步前进。任何一位试图成大事的人都要扼制住浮躁的心态，只有专心做事，才能达到自己的目标。

春秋时期的楚国将领养由基，是中国古代著名的神射手，有百步穿杨的本领。据说连动物都知晓他的本领。一次，两个猴子抱着柱子爬上爬下，玩得很开心。楚王张弓搭箭要去射它们，猴子毫不慌张，还对人做鬼脸，仍旧蹦跳自如。这时，养由基走过来，接过了楚王的弓箭，于是，猴子便哭叫着抱在一块，害怕得发起抖来。

有一个人很仰慕养由基的射术，决心要拜养由基为师，经三番五次地请求，养由基终于同意了。收他为徒后，养由基交给他一根很细的针，要他放在离眼睛几尺远的地方，整天盯着看针眼。看了两三天，这个学生有点不耐烦了，就问老师养由基说：“我是来学射箭的，老师为什么要我干这莫名其妙的事，什么时候教我学射术呀?”养由基说：“这就是在学射术，你继续看吧。”这个学生开始表现还好，能继续看下去，可过了几天，他便坚持不住了，心想我是来学射术的，看针眼能看出什么来呢?老师不会是敷衍我吧?

养由基教他练臂力的办法，让他一天到晚在掌上平端一块石头，伸直手臂。这样做很苦，那个徒弟又想不通了，他想，我只学他的射术，他让我端这石头做什么?于是很不服气，不愿再练。养由基看他不行，就由他去了。后来这个人又跟别的老师学艺，最终没有学到射术，空走了很多地方。

其实，如果这个人能脚踏实地，不好高骛远，甘于从一点一滴做起，他的射术肯定会很精湛，但是他并没有坚持下去，而是抱着急功近利的态度，导致最后一事无成。事实证明，想要成为成功人士，需要一步一个脚印，脚踏实地，从最基础的事情做起，为自己的发展打下坚实的基础，就像建造房子一样，只有把基础打扎实了，发展才会迅速，大楼才会盖得既牢固又高大。凡是能够戒除心浮气躁，把企业当事业做的企业家，注定会有美好而长远的未来。

管理的真谛就是经营人心

在现实当中，“管理”一词应用得很广泛，比如我们经常会说“管理生产设备”，因此有人就会想当然地认为管理的对象就是生产设备。其实不然，管理者要管理的是负责操作生产设备的人。管理的对象应该是人而不是其他任何具体的物体，管理就是通过别人完成任务的艺术，简言之，管理的真谛就是经营人心。

1. 向稻盛和夫学习经营人心

日本“经营之圣”稻盛和夫一生创办了两家企业，这两家企业都进入了世界五百强。很多人都想知道他成功的秘诀，稻盛和夫笑着道出了 4 个字：经营人心。

1959 年 4 月，稻盛和夫带着 7 个弟兄成立了一家从事电子工业用陶瓷材料生产的公司——京瓷株式会社。公司成立之初，没有钱，没有技术，没有订货，唯一的资本就是年轻人的激情。稻盛和夫一头扎进工作中，没日没夜，埋头苦干，希望带领公司走向一个光明的未来。然而，第三年五月发生的一件事，却彻底颠覆了他的思想。

公司曾经招进了10名高学历的员工，经过一年的磨炼已成主力军，他们拿着按上了血指印的请求书找到稻盛和夫，要求说："公司前景不明，令大家心里不安，因此公司必须就定期增薪和发放奖金向大家做出保证，否则我们无法在这里继续工作下去。"稻盛和夫无法接受他们的要求——在那个时候，公司连明天的事情都无法预料，更不要说保证一年后的事情了。艰苦的对话进行了三天三夜，稻盛和夫对他们说："虽然无法接受你们的条件，但是我可以保证为了诸位的利益竭尽全力。如果你们有辞职的勇气，那就把这种勇气拿出来相信我一次！如果将来发现我欺骗了你们，那你们就杀了我吧！"这些年轻人相信了稻盛和夫的话，撤回了请求书。他们离开之后，稻盛和夫抱着头陷入了沉思。为什么自己一心一意为公司、为他们，却得不到认可呢？这使他领悟到，公司并不是经营者个人追求梦想的地方，无论现在还是将来，公司永远是保障员工生活的地方，必须始终把公司作为一个社会公器来把握。

从此，稻盛和夫改变了经营理念，把经营人心作为经营企业的核心原则。日本企业实行"终身雇用"，这是一种近似的说法——雇用契约上没有这样的文字，只是作为一种共识，不到万不得已的时候，公司不轻易解雇员工。而在京瓷，"终身雇用"却是实实在在的"制度"——就是到了"万不得已的时候"，京瓷也不解雇员工。1974年石油危机，京瓷与绝大多数日本企业一样，陷入了低迷。稻盛和夫没有采取解雇甚至"一时解雇"的做法，他把从生产一线撤下来的员工编成了"预备部队"，每天在公司里打扫卫生、修理房子、整理花坛或者学习文化、操练技术，公司一朝恢复生产，员工马上回到原岗位。日本企业的一大特色是"定期增薪"，而增薪的幅度，则于每年的三四月由工会与资方的交涉——“春季斗争”来决定。但在京瓷，这样的劳资交涉却没有必要，因为京瓷每年定期增薪的幅度，都要高于一般“春季斗争”劳方所要求的水平。而另一项更具意义的制度，则是“员工股份所有”——京瓷鼓励员工们购买公司的股票。有时候，京瓷还把本公司的股票，奖励给生产中的“功劳者”，或代替临时奖金发给员工。1984 年，在京瓷创立 25 周年纪念的时候，稻盛和夫把自己 17 亿日元的股份赠予 1.2 万名员工。稻盛和夫通过创立这些企业制度，把企业打造成了员工和经营者的命运共同体，公司员工与业主，不再是建立在雇用与被雇用的关系上，而是相互倾心的同志，大家都是为了这个共同体而工作。

为了让自己的经营理念深入人心，稻盛和夫非常注意与员工的沟通，他的沟通方式很特别，那就是跟大家喝酒。稻盛和夫在京瓷经常搞“聚餐会”，欢迎新职工要聚餐，完成了生产任务要聚餐，新年辞旧迎新也要聚餐。而稻盛和夫则是逢场必到，一会儿给这个斟酒，一会儿跟那个干杯。每到这种时候，稻盛和夫总是不忘大谈他的人生哲学和企业哲学。聚餐会总是这样结束：稻盛和夫和大家互搭肩膀，高唱京瓷社歌。在公司创立不久的时候，稻盛和夫为了鼓励技术革新，承诺要是获了奖，就把奖金拿去喝光。后来京瓷搞的一项技术革新，还真获得了通产省颁发的一项大奖。稻盛和夫先是把奖状复印，给每个员工及家属寄一份，然后把大笔奖金，分几次同员工们一起喝了个精光。后来在通产省召开的各获奖厂商的大会上，通产省官员问大家，你们的奖金，都拿去干什么了。有人回答买新机器了，有人回答搞开发了，只有稻盛和夫一本正经地答道：“同员工们一起喝光了。”

随着企业日益壮大，员工发展到几万人，仅凭稻盛和夫一个人的沟通交流显然已经行不通了，于是他把主要精力放在了培养干部上，让更多干部拥有同他一致的哲学思想，然后再让他们去传播给员工。

稻盛和夫建立了一个专门的教育培训机构——盛和塾，对企业干部进行系统化的培训。别的企业非常关注技术、技巧、经营管理方面的教育，但是京瓷却拿出60%～70%的精力培训京瓷哲学。

正是因为长期致力于经营人心的努力，京瓷渡过了一个又一个难关，即使在金融危机席卷全球的2008年，公司依然实现了盈利。稻盛和夫说："京瓷公司并非在庞大技术队伍的支持下，开发出一个又一个划时代产品的英雄传说式的过程中成长起来的。京瓷公司一步一个脚印走过的，是一条全体员工同心同德、诚实为本的路。"

在许多人的眼里，人心是最难把握的，所谓"知人知面难知心""人心隔肚皮，做事两不知""人心难测"等许多成语俗话都印证了这种说法。而稻盛和夫却说："人的心确实变得快，有时也靠不住，但反过来说，世界上也再没有比人心的结更加牢固的东西。"将心比心，付出真心，让善的理念生长，必然收获精诚团结的回报。在京瓷，许多员工选择身后葬于公司墓地，墓碑上写着：那些永生不愿离开京瓷的人。有了人心的力量，世界上还有什么不能征服的呢？

诚到深处情自现，不见诚字不见情。要做一个出色的领导者，只有将心比心，付出真心，才会获得事业上的好伙伴，前进中的好帮手，在激烈的社会竞争中立于不败之地。

2. 企业领导者该如何经营人心

企业领导者该如何经营人心？从成功企业的实践中总结出以下几点作为借鉴：

一是热爱下属。这一点应该不言自明。领导的工作很大一部分就是管理下属，如果他根本不喜欢自己的下属，那他无论如何也不会成为一名成功的领导。优秀的领导总是对下属关怀备至，对下属所做的事情表现出浓厚的兴趣，让下属充满信心，并努力使他们对领导充满好感。他们易于让员工接近，而不是把自己封闭在办公室的大门里。

二是鼓舞人心。仅仅是愿意抛头露面，站在众人面前指手画脚，并不能表明领导具有多少勇气。领导应当不断尝试新的方法，因为事情要比过去做得更好。如果领导让某人去试做某一件事而未获成功，也不要对做事的人失去信任，更不要乱加指责。因为你要明白：如果不给下属失败的机会，让下属重新振奋精神，又怎会获得最后的成功呢？

三是理智周到。以委婉动听的话语待人总比尖锐刺耳的语言更好，这是生活中的一个简单道理。然而，权力的诱惑通常使那些身居高位的人忘掉此理。当人们急切希望完成工作之时，便容易失去耐心，或根本不考虑他人的感情。因而毫不理睬别人的建议，低估下属的工作成绩，甚至在同事面前羞辱他们，这些都应极力避免，否则后患无穷。同时要记住一条重要原则：批评时应当针对事情而不要迁怒于个人。

四是公正无私。当你总结成绩、安排工作、增薪晋级、雇用员工、解雇员工的时候，你的任何决定都将影响整个部门。因此，讲求公正是极为重要的。如果一位下属毫无业绩，你却给他加薪，这只能让其他下属感到不满。当一位下属无辜受冤时，集体的士气也会受到影响。当下属犯了错误的时候，应该让他知错认错，然后置之一边，不应耿耿于怀。犯错误是学习的良好机会，切不可把它视为伤害下属自尊心与自豪感的靶子。

五是诚实可信。诚实，意味着向上级领导报告他们可能并不想听到的事情；诚实，意味着告诉下属他们何对何错；诚实，意味着领导自己犯错时敢于承认错误。既要向下级讲出实话，又不要伤害他人的感情，这并非易事。保持诚实有利于公司的共同利益，它应该作为人们行为的主要准则。

六是人品良好。对于企业领导来说，品格就像火车的方向、路轨，而才能就像发动机。如果方向、路轨偏了，发动机的功率越大，造成的危害也就越大。良好的品格比一百种智慧都更有价值。每个人的潜力都是无限的，有什么样的品格，就会有什么样的工作业绩与生命质量。因为人与人之间并没有多大不同，成功者与失败者、卓越与平庸之间的迥异之处正在于品格的高下。优秀的品格是个人成功最重要的资本，是人最核心的竞争力。具有优秀品格的人，总是会时常从内心爆发出自我积极的力量。可以说，好的品格是推动一个人人生不断前进的动力。

幸福企业的精髓是“以人为本”。以人为本的核心就是满足人的幸福需要，把为员工谋幸福作为自己的使命。幸福管理就是从员工的心理需要和个性优势出发的管理，就是经营人心的管理。做好经营人心的幸福管理，即使企业在危机来临时，也没有过不去的难关，没有办不成的事业，更没有完不成的目标。

信仰拯救失序的社会

有人说，现在的中国社会秩序已处于一个“坏到无以复加的时代”。这当然有些夸大其词。但善意地想，它是在以吸引注意力的方式向我们“报警”。拯救失序的社会，需要加强思想道德建设，个人层面要宽人严己，努力提升自身的道德修养。社会注重思想道德建设，个人树立起崇高的信仰，这是拯救失序社会的具体体现，也是一个民族实现伟大复兴的希望所在！

社会失序，谁都难辞其咎

你觉得你占了便宜，我觉得我占了便宜，最后谁也占不了便宜——这是所有互害社会生态链中个人的典型心理。处在这个链中的每个人，无论从事什么行业、地位高低、年龄大小，每个人都是受害者，而且差不多每个人都是施害者。所以，互害社会的形成过程中，每个人都难辞其咎。

1. 社会失序及其根源

今天的中国在各个方面都取得了很大的成就，但不可否认，我们确实也存在很多问题，失序现象给中国社会带来很多的问题。

许多人不守秩序已经成为最普遍的社会现象。比如等候公共汽车，即使只有两个人，也不肯排队。公共汽车一来便往上挤，一步也不肯让。再如堵车，现在大城市如北京的马路越修越宽，可是堵车也越来越严重。主要的原因之一，是驾车者不懂得礼让，超车、加塞是司空见惯的现象。很多情况下是许多车挤成一团了，彼此犬牙交错，谁也不肯让，结果谁也走不了。

除了群众层面的失序，政府层面、官员层面也存在失序现象。有网友总结说，中国的法治现状是政府“全面立法、普遍违法、选择执法”，官员“权大于法、领导大于法、言大于法”，这些都是怪圈。尤其是现在被揪出来的那些腐败官员，说明一些非正常、非制度化的利益诉求，其实是很严重的。

新一届领导集体，尤其是习近平总书记非常关注这样的现象，他是从现代国家治理体系的角度来看待依法治国的问题的。2014 年 2 月 17 日，习近平总书记在省部级主要领导干部专题研讨班开班式上，谈到现代国家治理体系和治理能力现代化的问题，其中就提出了一个目标，十八届三中全会对改革提出了总体部署，就是要实现当时邓小平同志提出的党和国家制度化的问题，并且谈到了到 2020 年要在制度化、法治化上取得预期的成就。

中国社会失序的最主要根源在于经济领域和社会领域之间没有边界。政治权力站在经济利益这一边，导致了经济领域和社会领域的失衡。

不难看出，我国的早期改革者并没有把经济领域和社会领域区分开来，导致把经济政策简单地应用到社会领域，从而使社会领域过度市场化、货币化。自由派所提倡的新自由主义经济政策闯入了我国的社会领域。

在西方，新自由主义只有在经济领域发生作用，主要表现在政府推动的私有化运动。但在很多社会领域，新自由主义遇到了强大的社会抵制，教育、社会保障和公共住房都没有能够私有化。社会领域没有被强行私有化，主要是因为民主机制的存在，人民用选票否决了政府的私有化计划。这在撒切尔当政时期的英国表现得尤其显著。

在我国，新自由主义有了不同的命运。在经济领域，新自由主义遇到了强大的国有企业的抵制，但在社会领域则不一样，我国社会没有抵抗能力，新自由主义在政治权力的扶持下很快就进入了诸多社会领域，包括医疗、教育和住房。在任何国家，这些领域并没有被视为是纯粹的经济领域，而是社会企业，都是要求政府大量投入的。但在中国，这些被视为单纯的经济企业成为暴富领域。

在一个以钱为本的社会，人的存在价值已然失去了任何意义。一个“去意义化”的社会便是毫无道德秩序可言的。这就是今天中国社会各阶层存在普遍失序的终极根源。

2. 用信仰建立心灵秩序

良好的秩序是一切美好事物的基础。走路、交往、为人、处世等，都得遵守秩序。所以，瑞士哲学家阿米尔说："秩序意味着光明和安宁，意味着内在的自由和自我控制；秩序就是力量，是人类最大的需要，是真正的幸福所在。"

秩序包括两种，一种是外在的，比如交通规范等制度秩序，另一种是心灵的，比如为人处世的原则、底线。外在秩序如果是混乱的、不合理的，在人的身上就不可能出现比较好的心灵秩序。同样，如果心灵秩序是虚脱的、崩溃的，也不会出现一种合理的外在秩序。外在制度秩序必须和内在心灵秩序相结合，才会生成真正的社会秩序。外在有秩序，内在也要有秩序。这就是说，每个人都有自己的信仰，更需要有一个秩序。

拥有一定的信仰和修养的确很重要。而要做到这一点，就必须还原出最真实的自己。俄国"十月革命"胜利后的一天，列宁到理发馆去理发。一进门，等着理发的人一眼就认出了他，知道他日夜为国家大事操劳，每一分钟都极其宝贵。于是大家急着对他说："请您先理吧。"他回答说："谢谢诸位同志们。不过这是要不得的，应该按班次、守秩序。我们自己制定的法律，应该在一切琐碎的生活里去遵守它。"列宁不肯先理发，没有因为自己的高位、成就而迷失自己。而一个迷失了自己的人，将变得一无所有，正所谓："皮之不存，毛将焉附？"

要还原出最真实的自己，就必须拥有一定的境界。英国作家巴威尔·利顿艰辛努力创作出来的《杂草与野花》和《福克兰》两部作品，都是失败之作，因此他遭到了人们恶毒的批评和攻击，但是他依然努力写作。后来，他用一年的时间创作出了《伯尔哈姆》，一经出版即引起了读者的好评，一发而不可收。从此他开始了长达30年的文学生涯，其间写出了一系列轰动性的成功作品。

社会秩序应该是制度秩序加上“心灵秩序”才能真正产生的。做事、做人的标准不是自己的好恶、爱憎，而是真、善、美，信仰真、善、美并建立和遵守心灵秩序，就会为社会秩序增添更多的美好。

发展重要，信仰更重要

中国人对物质生活匮乏的感受刻骨铭心，所以改革开放以来特别强调经济发展，强调提高物质生活水平。我们说，发展经济、提高物质生活水平固然不错，但是精神文明如果出了问题，问题就会更加严重。

1. 如何正确看待精神信仰与物质文明的关系

社会发展史告诉人们：人类生活需求有两个方面，即物质生活需要和精神生活需要。人类为自身的生活需要从两个方面开展认识世界和改造世界的活动，即物质生产活动和精神生产活动。因此，追求物质文明和精神信仰是社会进步的内在驱动力。

信仰与物质对于每个人的意义不同，有的人认为精神信仰至上，只要精神上得到满足就可以了；有的人则把物质看得比信仰重要得多，认为物质才是“王道”；还有的人认为两者一样重要，缺一不可。

宋代苏轼有一首著名的诗《于潜僧绿筠轩》：“宁可食无肉，不可居无竹。无肉令人瘦，无竹令人俗。人瘦尚可肥，士俗不可医。傍人笑此言，似高还似痴。若对此君仍大嚼，世间哪有扬州鹤?”苏轼的这首诗道出了精神信仰与物质的关系。对他来说，精神信仰胜过物质。没有肉尚且只是身体消瘦的问题，还可以通过其他的物质来“增增肥”，但是如果居住的环境没有竹子，人就会变得俗气，这是没有办法挽救的。这就是精神信仰与物质对于个人的不同意义，两者的轻重可以有所不同，但对于国家来说，精神信仰与物质文明没有孰轻孰重之分，两者都很重要，尤其是在贫困地区。

党中央对脱贫致富的指导思想很明确：一方面把发展商品生产，建设社会主义经济作为根本任务和中心工作来抓；另一方面荡涤旧社会遗留下来的污泥浊水，净化社会风气，把提高人们的思想道德水平和科学文化素质作为一项战略目标予以重视。如果我们把贫困地区比作一只鸟，那么精神信仰和物质文明就像这只鸟的双翼，少了哪边都不行。

没有物质，发展就如无米之炊，有再多的好办法、好思路也无处施展；没有精神信仰，发展就像无头苍蝇，没有方向，没有精神支柱。贫困地区基础薄弱，面临的物质条件严峻，发展物质毋庸置疑；贫困地区科技文化水平相对薄弱，想要得到发展则必须加强精神信仰建设，为地区的发展提供科学、正确的方向和指南。

物质文明和精神信仰是相互促进的两个方面。有些地方拼命地追求物质文明，工厂是多了、高楼大厦也多了，可是人民群众过得并不幸福，因为环境污染了，人民的身体健康都没保障，谈何幸福；有些贫困地区在物质匮乏的情况下，不去追求发展，而是产生“等、靠、要”的思想，精神上看似“安贫乐道”，实则基本生活都没保障，这样也无法达到幸福生活的目的。

只有“精神物质两手抓，两手硬”才能奔向小康生活。这是每个地区发展必须遵守的原则，贫困地区也一样。

2. 古人轻物质重信仰

古圣先贤对于发展经济有许多见解，比如“亚圣”孟子在《孟子·梁惠王上》中说：“五亩之宅，树之以桑，五十者可以衣帛矣。鸡豚狗彘之畜，无失其时，七十者可以食肉矣。百亩之田，勿夺其时，数口之家，可以无饥矣；谨庠序之教，申之以孝悌之义，颁白者不负戴于道路矣。”意思是，每家给他五亩土地的住宅，四围种植着桑树，那么，50 岁以上的人都可以有丝棉袄穿了。鸡狗与猪这类家畜，不去打乱它的繁殖期，那么，70 岁以上的人就都有肉可吃了。每家给他一百亩土地，并且不去打乱它季节生长的规律，那么数口人的家庭便都可以吃得饱饱的了。办好各级学校，反复地用孝顺父母、敬爱兄长的大道理来开导他们，那么，须发花白的老人便会有人代劳，不致头顶着、背负着东西在路上行走了。

由此可见，在孟子的经济发展观中，他并不怎么看重物质生活，而是更加看重精神道德生活。他认为经济发展重要，而信仰则更加重要。

于西汉时期成书的典章制度选集《礼记》为我们描述了大同世界："大道之行也，天下为公。选贤与能，讲信修睦。故人不独亲其亲，不独子其子。使老有所终，壮有所用，幼有所长，鳏寡孤独废疾者，皆有所养。男有分，女有归。货，恶其弃于地也，不必藏于己；力，恶其不出于身也，不必为己。是故谋闭而不兴，盗窃乱贼而不作，故外户而不闭，是谓大同。"意思是，大道在天下实行时，把天下作为大家所共有的，把品德高尚的人、能干的人选拔出来。人们都讲求诚信，培养和睦的气氛，因此人们不只是把自己的父母当作父母，把自己的孩子当作孩子，让老人能够终其天年，成年人能够为社会效力，年幼的人能够顺利地成长。使老而无妻的人、老而无夫的人、幼而无父的人、老而无子的人、残疾人都能得到供养。男子有职务，女子有归宿。对于财货，人们都憎恨把它扔在地上的行为，却不一定要自己私藏；人们都愿意为公众之事竭尽全力，而不一定为自己牟私利。因此，奸邪之谋不会发生，盗窃、造反和害人的事情不发生，家家户户都不用关大门了，这就是世界大同。

根据《礼记》中的描述，我国古代儒家理想中的大同社会具有以下特点：一是全民公有的社会制度。这个全民公有的社会制度，包括权力公有和财物公有，而首先是权力的公有。二是选贤与能的管理体制。这个体制是包括中央与地方的。天下既然是天下人的天下，地方更是地方人的地方。地方事务由地方民众选举贤能之士负责管理。这里的选举指的是民举，而不是官举，官举与民举的性质是不同的，但后儒却混淆了两者的界限，甚至有意改民举为官举。三是讲信修睦的人际关系。信与睦是良好人际关系的核心，而“天下为公”才是建立良好人际关系的前提和基础。四是人得其所的社会保障。大同世界描绘的社会是人人敬老，人人爱幼，无处不均匀，无人不饱暖的理想社会。在这里，人们视他人父母如自己父母，视他人子女如自己子女。任何人都能得到社会的关怀，任何人都主动关心社会。男有室，女有家，社会和谐，人民安住。对这段最具实际意义的社会保障，后儒也是多有修改的，如将社会保障制度解释为一种在君王影响下的社会风气。五是人人为公的社会道德。在这里，人们有高度的责任心，对社会财富十分珍惜，憎恶一切浪费现象，也反对任何自私自利的行为。六是各尽其力的劳动态度。在这里，劳动已经成了人们高度自觉而又十分习惯的活动。“力，恶其不出于身也，不必为己。”能劳不劳是可耻的，劳而不尽其力也是可耻的，劳动只为了自己同样是可耻的。

大同世界作为一种社会理想，一种信仰，可谓是思之深刻而虑之长远的，除了所有制的问题提得不够明确外，与共产主义社会几乎没有太大的差别。

古时候，人们的道德水平远远高于现在，因为什么呢？因为信仰。如今，看看现代社会，许多人对自然、天、地毫不畏惧，为所欲为。今天的社会乱象，人心的变化，很大程度上可以说是缺乏信仰而导致的。

3. 信仰重于物质就是幸福的人

如果一个人没有信仰，那么这个人很可怕。法国19世纪思想家罗曼·罗兰说过：“整个人生是一幕信仰之剧。没有信仰，生命顿时就毁灭了。坚强的灵魂在驱使时间的大地上前进时，就像‘石头’在湖上漂流，没有信仰的人就会下沉。”

在多方面卓有成就的文艺大师丰子恺先生在一次名为《我与弘一大

师》的演讲中讲道："我以为人的生活可以分作三层：一是物质生活，二是精神生活，三是灵魂生活。物质生活就是衣食，精神生活就是学术文艺，灵魂生活就是宗教。'人生'就是这样一个三层楼。懒得（或无力）走楼梯的，就住在第一层，即把物质生活弄得很好，锦衣玉食、尊荣富贵、孝子贤孙，这样就满足了。这也是一种人生观。抱这样的人生观的人，在世间占大多数。高兴（或有力）走楼梯的，就爬上二层楼去玩玩，或者久居在这里头。这就是专心学术文艺的人。这样的人，在世间也很多，即所谓'知识分子''学者''艺术家'。还有一种人，'人生欲'很强，脚力大，对二层楼还不满足，就再走楼梯，爬上三层楼去。这就是宗教徒了。他们做人很认真，满足了'物质欲'还不够，满足了'精神欲'还不够，必须探求人生的究竟。他们以为财产子孙都是身外之物，学术文艺都是暂时的美景，连自己的身体都是虚幻的存在。他们不肯满足他们的'人生欲'。这就是宗教徒。"

丰子恺认为，"我们的弘一大师，是一层一层地走上去的……故我对于弘一大师的由艺术的升华到宗教，一向认为当然，毫不足怪。"在他看来，弘一大师（即李叔同）的出家，完全出于"脚力大"者对人生追求的自然渐进，是一种人格的完满和升华。

当代著名学者、作家周国平在自己的微博中写下"我的中国梦"："中华民族成为一个健康的民族，一是机体的健康，拥有健康的社会秩序——法治。二是心灵的健康，拥有健康的精神生活——信仰。我的中国梦：中国成为一个法治之国、信仰之国。"他认为，社会层面的信仰就是对平等、自然、法治、公正、民主等这些价值的尊重。而个人层面的信仰，主要表现在他对人生意义的认真态度上。"人不但要活，还要活得有意义，你在意这一点，你是认真的，就是有信仰的"。人生最重要和最宝贵的东西是什么？周国平说，人一辈子要过得让自己满意、让自己愉快，即生命应该是单纯的，"那些把生活搞得非常复杂的人是不幸福的"。

人生一世，谁都想活得自在，活得无悔。其实，每个人都有这样的感受，当我们满足我们的欲望时，我们快乐过，但是，这种快乐是不恒久的，当下一次还是这样的满足欲望，很多人会觉得“没意思”。这种快乐是浅层次的快乐，而且，这种快乐很容易成为痛苦的源泉。比如，有人因为这样的快乐，产生贪念，痴迷于那样的享受，等到再一次享受的时候，却很快发现“没意思”了，觉得欲望没得到满足，享受也没了快乐，这时，心理上是痛苦的、是烦恼的。

大多数有追求的人都有这样的经历。很多人学习进步了，工作进步了，这时心里的喜悦是无法形容的，很多人说这时候的快乐感受“比蜜还甜”。这就是说，这时的快乐是超越了物质享乐的。更进一步说，很多人在社会生活中，成就了一番事业，得到了社会的认可，这时会快乐。很多人对以前不解的问题突然“看开了”，觉得自己有信心和能力去面对了，觉得自己生活得更坦然、更踏实了，这时快乐的感觉，是物质可以买得到的吗?

只有有了信仰的人，才能体会到人生的快乐，这种快乐，不是用言语能表达出来的，而是有机缘的人才能领悟的境界。而这种机缘，并不是多难得到的事。我们不能把信仰简单地理解为神秘主义，它就在我们的身边，就在我们的生活里，也在我们的内心。

信仰即人格。一个人有了信仰，就会更好地成就人格，而对于一个成就了人格的人来说，他的信仰就是高尚的，就是一生有成的。而这，都是现实，是人生一世中最本真的现实。

道德“跌倒”，扶还是不扶

《扶不扶》，是2014年央视春晚的一个小品节目。小品《扶不扶》深刻反映了当今社会热点问题，老人摔倒到底扶不扶？老人讹诈、肇事者推卸责任，其核心仍然是在讨论传统道德。小品最后有句台词说："这人倒了咱不扶，那人心不就倒了吗？人心要是倒了，咱想扶都扶不起来了。"

对于《扶不扶》结尾的台词，我们换一句话问：如果道德跌倒，是扶还是不扶呢？当然得扶！否则我们的社会道德就将以自由落体的运动方式一日千里下滑，后果自然是不堪设想。那么，怎么扶呢？显然应该是每个人都从自己做起，首先检讨自己的道德缺失，然后以勇猛精进的态度加以补足。如果全社会的人都能够这样做，跌倒的道德自然就会被扶起来。

下面，我们不妨从"跌倒老人扶不扶"事件出发做一展开。

1. 老人跌倒的"扶"与"不扶"

老人倒地，行人见了扶不扶，这本是一个极简单的道德问题，无须任何考虑就能做出选择。可是，现实中发生的一幕幕，不得不让人费思量、想清楚、问明白：扶会怎么样？不扶又怎么样？

扶，是善良人性的闪现，是人道主义的要求，是见义勇为、助人为乐的传统美德体现，也是我们所受的道德教育所倡导、鼓励的。但是，扶人是有风险的，弄不好会引火烧身，惹祸上门，遭被扶者或其家人讹诈，让你吃不了兜着走。

不扶，见义不为，有难不帮，显得没人性，不人道，不符合道德要求，必然遭受道德的谴责和批判，而且自己也会觉得良心上过不去，于心不忍，问心有愧，心怀不安。可见，不扶是不行的。

扶与不扶，确实很让人纠结，很让人为难。难就难在：一方面，我们的社会道德要求人们见义勇为、助人为乐，做好事，行善事，积美德，"老吾老以及人之老，幼吾幼以及人之幼"，必须去扶。另一方面，现在的市场经济社会，人心已不古，好事更难做，社会缺乏起码的道德信任，受恩不思报，助人反遭讹，救人反被诬，出于明哲保身，保护自己，扶不得。

现实中常有老人摔倒而无人帮扶的事件发生，让人们的内心很是“困惑”。分析导致人们内心“困惑”的原因不难发现，如果从人们内心的道德情感来说，几乎没有人会对伸手帮助摔倒老人持否定意见，真正让人们“困惑”的，是怕因为自己的伸手援助，给自己带来意想不到的“麻烦”。某网站曾经做的一项调查，也证实了这一点。在参与投票的1883人中，44%的网友表示今后不会扶老人，38%的网友选择了“不好说”，18%的网友表示“肯定会扶”。一位网友说：“以前觉得自己一定会扶，因为过不了良心这关；现在肯定不会扶，因为过不了责任这关。”这位网友的话虽然朴实但却真诚，道出了民众不愿意帮助“摔倒者”的真正原因——并不是内心不愿意帮，相反是很愿意的，之所以不敢伸手，确实是怕“惹祸上身”。

究竟扶还是不扶？其实，看到有老人不幸跌倒了，很多人可能都会出自本能地伸手去扶一把，将老人安置照料好。每个人都有父母，只要稍微换位思考一下，谁都会去扶的。尽管扶不扶很为难、很纠结，但公道自在人心，美德照亮世界。只要美德在，只要良知在，我们不能不扶，不能不行善，不能不助人。

2. “跌倒老人扶不扶”事件分析及对媒介的启示意义

“跌倒老人扶不扶”之所以成为一个“事件”，其背后有深层的社会原因：

第一，市场经济发展，人们思想多元化。社会文化、经济在市场经济环境下得到快速发展，在这种情况下，人们的思想发生急剧转变。有的人认为传统的有价值的思想理念在市场经济环境下更应该得到宣传发扬，而有的人认为人们应该自觉靠拢市场经济发展趋势，随着环境的变迁而变迁。“跌倒老人扶不扶”事件存在本身就是这一现象的反映，我国悠久的文化传递给我们的就是助人为乐、尊老爱幼等优良品德，在社会快速发展的现在，有很多人会怀疑这些优良品德我们是否应该继续坚持，所以才会有这种本来无必要的大讨论。

第二，舆论的影响力日益扩大。在古代，舆论的力量主要靠人与人之间的交流产生的影响；在信息飞速发展的现代，即使相隔甚远，但电视、广播、网络等媒体平台会将发生在远隔千里的事情呈现在大众视野中。比如，在南京“彭宇案”中，民众舆论倾向于彭宇是被冤枉的。造成的主要影响是彭宇案对民众产生了心理上的约束力，让人们觉得做好事有风险，扶人前需谨慎，因而模糊了一个基本价值观——好人有好报。

在现实中，做了好事反而被诬告，这样的事情有没有？确实有，但在每天发生的数以万计的扶危济困事件中，这样的个案终究只是小概率事件或者是特例，甚至于可以小到忽略不计。我们应该深思的是，为何一个小概率事件或者说是极端个案会演变成社会公众事件，并出现了道德越位审判的问题？在这一过程中，媒介的角色和作用也应该深入反思。

第一，媒介工作者要与时俱进，不断充实自己。随着社会的发展，时代所要求的媒介工作与传统的媒介工作存在很大不同，这就要求媒介工作者适应时代发展需求，提高信息收集素质，掌握更多社会动态，具备良好收集、处理信息、应对突发问题的能力。加强对媒介工作人员的培训，并为媒介工作者提供掌握流行趋势的条件。要培养一支既具有较高政治理论水平，熟悉思想政治工作规律，又能有效掌握社会发展动态，适应来自社会各方面声音，能够迅速及时对社会思想漏洞进行媒介工作的队伍。

第二，媒介要抢占网络阵地。重视榜样力量，利用网络大力宣传先进人物、事迹来潜移默化影响人们的行为，在网络活动中大力渗透优秀思想、品质，使网络融理论性、实践性于一体的媒介文化氛围。利用网络提高公众参与社会活动的积极性，可以通过收集、整理、分析民众观点，从而找出其潜在心理特征，做好思想教育工作。开展网上心理咨询，使网民大胆、直言不讳地倾吐心里话，针对网民存在的心理问题，有针对性地开展心理辅导，及时帮助其解除心理难题，使他们全身心投入工作、学习和生活中，有利于健全网民人格和心理。

第三，媒介要努力发挥好“桥梁”作用。媒介功能主要是提高人们的思想素质，传与人们道德准则，以此来规范人们的道德行为。媒介之所以存在，就是因为现实中有相应的思想问题。媒介在发挥自己功能的同时，要不断地发现、分析问题，找出问题存在的源头。媒介在作为党和国家“生命线”角色的同时，也要承担起人们对国家的思想心理要求的“电话线”角色，例如，人们觉得社会保障不完善，媒介就要把这一信息传给党和国家，也给政府制定一系列的保障政策提供依据。

宽人严己，利人便是利己

古人很早就提出了责己的要求。孔子认为，严己宽人，对自己要求严格，对别人宽容大度，这样的人才可以远离怨恨。圣贤区别于普通人的重要一点就是以责人之心责己、以恕己之心恕人。

1. 宽人严己的传统内涵

宽人严己是我国传统文化中的重要思想，古人在这方面有许多论述。曾子是孔子的学生，素以孝著称。曾子曰：“吾日三省吾身：为人谋而不忠乎？与朋友交而不信乎？传不习乎？”意思是，我每天多次反省自己，为别人办事是不是尽心竭力了？同朋友交往是不是做到诚实可信了？老师传授给我的学业是不是复习了？由此可见曾子的自律做法。

曾子提出的“吾日三省吾身”的修养方法，并非专指“为人谋而不忠”“与朋友交而不信”以及“传不习”，而是泛指，要求自己认真检查一天的思想行动，对的坚持，错的改正。能够“三省”的人，即使在没有任何监督的情况下，也能够自尊自爱；在自己一个人“独处”的情况下，也能够“慎独”；在无人监督的情况下，照样严格要求自己，严格自律，不悖于义，谨慎地处理一切，做到人前人后一个样。

曾子提有“三省”，孔子则有“九思”，都是宽人严己思想的重要内涵。

孔子说：“君子有九思：实思明，听思聪，色思温，貌思恭，言思忠，事思敬，疑思问，忿思难，见得思义。”孔子提出来的“九思”意思很明了，即要求人们在看的时候，思考着看明白没有；听的时候，思考着听清楚没有；从脸上的表情，思考着是否温和平易；从容貌态度上，思考着是否庄重严肃；从说出的话语中，思考着是否忠诚老实；对待要干的事情，思考着如何把它做好；有了疑难，思考着怎样去向人家请教；快要发怒了，思考着会造成什么后果；看见可以得到的利益，思考着是否符合仁义道德。

孔子的“九思”，对今人是一个很好的借鉴参考，有利于人们的自身修养。假如人人都能够做到孔子所说的九思，严于律己、宽以待人，天下的道德自然而然就提高上来了。

作为一个现代人，要做到宽人严己，首先要“严己”，不断反省与自检。看到别人的优点，应该努力学习；看到别人的缺陷，则应该反思：自己身上是否也存在同样的毛病。总之应该慎重对待别人的过失、隐私和旧恶，不轻易揭别人的伤疤。

其次要“宽人”，对待别人，应该尽量在其所犯的错误中发现优点和长处；而对待自己，则应该努力在取得的成绩中寻找缺点与不足。即使责人也应该讲究方式方法。责人绝不能走到刻薄而让人伤心、怨恨的地步，而应该首先考虑到别人的承受能力。一旦超出了别人的承受能力，则难以达到劝善的目的，甚至还会适得其反。

同时，“宽人”还体现为引导人向善。在这方面，应该因材施教，有所针对，而不能要求过高，超出了个人的力行范围。儒家提倡一种不责而责、无言而劝人进善的美德，这一点现代人应该继承下来。自己具备了某种品格，却并不因此而苛求于别人；自己身上没有的毛病，也不批评别人身上的毛病，这也是一种不言而善的美德。

“律己宜带秋风，处世须带春风”，这是为人处世的大智慧。这种智慧能化隔阂为理解，化矛盾为友谊，建立良好的人际关系；这种大智慧，会使我们恪守“己所不欲，勿施于人”；这种大智慧，会使责人更具权威性，更易被理解、采纳。

2. 律己须从点滴小事开始

律己很重要，那么如何做到律己呢？我们不妨先来看一个例子：

有一个人请一群客人吃西瓜，客人离开后，他发现家中的地板到处都是西瓜汁的污渍，整理起来很费工夫。这个主人愣了一下，坐下来想，咦，我请的客人怎么会这个样子啊！一点礼貌都没有。后来他又想到，唉！算了，反正吃亏就是占便宜，我忍耐可以提高心性，所以就算了……下次我要记得请客时得请吃别的水果……现在赶快来整理吧！整理之际他又想到，是我没有考虑周详，如果我事先铺好报纸跟摆好桌椅再把西瓜端出来，他们就不会吃的满地都是，下次改进吧！等到他打扫完毕，休息之余，他想到，我把西瓜切成一大片一大片的，客人只好用双手拿着啃，才会……下次，我应该先去皮，切成刚好大小，然后按人数一盘盘分好再端出去，大家用叉子吃，籽就可以吐在每个人的盘子里，这样应该就没问题了。后来，他更想到，哎呀！只要我在厨房里先花点工夫，将西瓜打成汁，人手一杯，不用垫报纸，也不用吐籽，更方便……哎呀！要是我早这样想到就好啦！

如果你是上述的主人，你的想法会是哪一种呢？如果西瓜换成我们生活上或情感上的任何一项重要物品，这答案是否也随之改变呢？若你拥有一颗像本文中主人的心，能在矛盾发生的当下，向内思考深层的问题，那么你的心将磨炼得更加无私无垢，并且保持恒久的明亮透彻。所以说，利人便是利己。在利人的过程中，自己的所得是最多的，自己心性和智能的提高是最多的。

的确，律己须从点滴小事做起。每个人都不要小视自己的力量。我们像面包里的酵母虽然很少，但仅仅这一点酵母，就可以让面包膨胀数倍。我们应做好这个时代的酵母，齐心协力，从点滴做起，从我做起，从今天做起，让自己的酵素发挥正能量。

嫂溺援之以手，天下溺援之以道

“嫂溺援之以手，天下溺援之以道”出自《孟子·离娄章句上》，原文说：“天下溺，援之以道；嫂溺，援之以手。”意思是，整个天下掉在水里了，要用“道”去救援；自己的嫂嫂掉在水里了，用手去拉就可以了。

同是救人，但却有方式问题，救一个淹入水中的人，可以用一只手，但想要救天下的人，孟子强调，却只能有一条道路，即爱民、为民、裕民的道路，否则，无路可走。用道才能拯救天下，用我们的话说，就是对传统文化的信仰才能拯救天下。

1.“援之以道”重在用环境引导人性向善

改革开放以后，我国注重经济的发展，相对轻视了科学发展、人的思想文化建设，使社会上产生了拜金主义，以金钱衡量一切成了大多数人的价值观，如“笑贫不笑娼、人不为己天诛地灭、有钱能使鬼推磨”等低俗的观念逐渐进入某些人的思想，有些人甚至产生了为了权势可以不择手段的观念……这就遏制了人性朝着善良的方向发展，助长了人性向着恶的方向发展。

事实上，传统文化的信仰力量对引导人性向善具有不可忽视的意义。在这之中，最经典的论述当属《三字经》上说：“人之初，性本善，性相近，习相远。”可见，善良是人的天性，人之所以有善恶之分，是由于后天的环境影响所产生的。如果后天的环境能够助长人性向善的方向发展，遏制人性朝恶的方向发展，那么大部分人都会向着善的方向发展；如果后天的环境影响了人性向善的方向发展，助长了人性向恶的方向发展，那么大部分人都会向着恶的方向发展。

2. “援之以道”需要政府层面加强社会道德建设

当前社会道德问题所带来的负面影响，不仅使得公众对社会、政府、企业失去信任感，增加执政难度，更可能成为社会风险积累的源头。为此，政府层面必须高度重视“社会道德建设”，在加大教育宣传力度的同时，更要把加强社会道德建设落实到具体的工作与制度建设中去。在这个过程中，国外的一些做法值得我们借鉴学习。

第一，充分认识到“社会道德建设”的重要性。社会道德建设是社会建设的重要组成部分，是确立我国社会发展的灵魂主线；社会道德建设是文化建设的内容，是中国传统文化走向现代化的重要途径；社会道德建设是执政党建设的重要抓手，这既是面对社会风险挑战，也是树立执政威信的筹码。通过社会道德建设，可以促进我国经济社会转型，增强党的向心力与凝聚力，提高执政水平。

第二，爱国凝聚人心，强化国家意识。道德建设不只是单纯的个人道德完善，而要以爱国主义凝聚人心，强化国家意识。美国人的传统核心观念是个人权利的“自由观”，但是，爱国主义成为凝聚人心、化解矛盾、稳定社会的关键性力量，各种多元化的道德价值观均可从中找到可以接受的共同点。

第三，合理设置基层社会组织的参与机制。应允许公民组织各种有利于社会发展的社团组织。职业团体是欧洲塑造现代道德生活并将个人与社会联系起来的根本力量所在。而职业化的发展也确实表明了职业伦理已经成为公民道德领域中最核心的一部分。各个行业都形成了既具有普遍性又具有特殊性的职业伦理原则，这些原则经由其职业群体的行业协会组织获得了包括自律和他律在内的巨大的道德约束力。

第四，重视学校在公民道德建设中的重要作用，特别注重从实践养成方面实施道德教育。在德国，“善良教育”是中小学德育教育的重要内容，具体注重 4 个方面的教育：爱护动物、同情弱者、宽以待人、摒弃暴力。英国则重视道德教育在方法上的生活化取向，组织学生参与各种志愿和慈善活动成为道德教育的有机组成部分，从而培养公民意识和提升道德水平。

第五，将有效的职业道德教育融入到职业教育体系中。一个完善的职业教育体系不仅在于职业技能的学习，更在于职业精神的培养。以德国为例，德国职业教育进行的是一种行动导向而非理论导向的教育方式。企业培训和学校教育相结合的教育安排，一方面令这些未来的技术工人能够掌握企业所需要的技能；另一方面令其很早就能接触到企业文化，熟悉企业组织管理，从而培养出职业精神。

第六，重视宣传对社会舆论的监督作用。西方媒体倾向于负面新闻报道的传播特点，客观上也将许多现实生活中的伦理问题凸显出来。在欧洲国家，许多学者被邀请在电视、报刊发表意见或开展论辩，这成为媒体的常设节目。这既提升了道德讨论的水平，也使得当下的伦理问题更容易被民众理解并汇入主流文化之中。而互联网特别是社交网络的出现，使得人们参与这种讨论的范围更加扩大，影响力也更大。

第七，强化道德建设的标准。从《宪法》开始，美国为建立诚信和道德制定了一个法律和管制相互依赖的制度。首先，这一制度通过为执行政务活动制定一致、公正和公开的程序来促进政府机构的诚信。其次，通过制定公正、一致和可执行的道德行为准则来提高企业雇员个人的诚信。最后，调动公民参与治理政府腐败的积极性，民间机构和利益集团代表公众利益向政府提出监督建议。

拯救自己就是拯救社会

社会是靠道德生存的，一旦社会没有了道德，社会上的每一个人，不管是富者，还是穷者，不管是掌权者，还是底层民众，都将面临生存的危机，这样的社会是在慢慢地集体自杀。谈到最有效的拯救社会之道，我们认为：当世界已然失序的时候，你需要先拯救自己；拯救自己，就是在拯救社会。

1. 个人道德修养的社会意义

在英国伦敦威斯敏斯特大教堂地下室的墓碑中，有一块闻名遐迩的墓碑，其墓志铭震撼世界，影响着很多人，各国游客慕名而来。这块墓碑没有墓主人姓名，没有生平，一块普通的花岗岩墓碑刻着下面一段文字：

> 当我年轻的时候，我的想象力从没有受到过限制，我梦想改变这个世界。
>
> 当我成熟以后，我发现我不能改变这个世界，我将目光缩短了

些，决定只改变我的国家。

当我进入暮年后，我发现我不能改变我的国家，我的最后愿望仅仅是改变一下我的家庭。但是，这也不可能。

当我躺在床上，行将就木时，我突然意识到，如果一开始，我仅仅去改变自己，然后作为一个榜样，我可能改变我的家庭，在家人的帮助下和鼓励下，我可能为国家做些事情。然后谁知道呢？我甚至可能改变这个世界。

当年轻的曼德拉看到这篇墓志铭后顿悟，声称找到改变南非甚至世界的“金钥匙”，他立刻改变了自己的思想和处事风格，从改变自己、家人和亲朋好友着手，历经几十年，终于改变了国家。据说，很多人看到这个墓志铭都深受触动，甚至世界政要和名人看到这块墓碑，都感慨不已。远大的理想，宏伟的目标，需要从改造自己开始。

这个墓志铭还让我们想起西周时期姜子牙的一段话：“以家取国，国可拔；以国取天下，天下可毕。”4300多年前的商朝末年，周文王问政姜子牙，这是姜子牙告诫周文王的一段话，收编于姜子牙《六韬·文韬·文师》中。到了春秋战国时期，后人总结出“修身齐家治国平天下”之警句，后来这句话被收编于西汉时期的《礼记》中。齐家治国平天下首先要从修身开始，“修身”二字强调个人修养，也就精确地概括了英国无名墓碑的墓志铭。

如果大家都来注重“修身”，从个人角度身体力行，那么拯救自己就是拯救社会，我们这个社会就一定能变得好起来，也会变得更好！

2. 如何提升自身的道德修养

每个人要提高自身的道德素质，需要做一些什么样的努力呢？从目前的社会环境来看，从目前的思想道德素质的现状来看，提高思想道德素质，需要从以下 3 个方面来做出努力。

一是人生价值正位。现在大家都关心自己的人身价值怎么样实现，那么人生价值到底在哪里呢？人身价值的正位就是应该在自我价值和社会价值的结合上。我们既不否定每一个人的自我价值，但是我们也不能否定社会价值，所以正确的正位，就是要把二者结合起来，善于把自我价值融入社会价值之中，善于通过社会价值的实现体现自我价值。

二是维系道德良心。要提高自己的道德素质，我们就很有必要从“四个心”入手，从培养“四个心”入手，这“四个心”就是仁爱心、责任心、同情心、羞耻心。日常生活中我们常常提到某某人挺有良心的，或者某某人挺没有良心的，良心被狗吃了。什么是良心呢？良心就是仁爱心、责任心、羞耻心、同情心这四心的结晶。良心对一个人的道德素质养成作用是非常大的。

三是优良的行为习惯的养成。行为习惯怎么养成的呢？从许多经验来看，就是要不断实践，你要做善事你要不断做，你不乱扔垃圾你不断实践，把认识落实到行为，行为沉淀为习惯，习惯升华为信念。我们在养成道德素质时要注意养成一些优良的行为习惯，这个习惯的力量是巨大的，习惯主宰人生。美国的一位心理学家威廉斯曾经说过一句名言：“播下一个行为，收获一种习惯；播下一种习惯，收获一种性格；播下一种性格，收获一种人生。”

素质的提高不是一朝一夕的事情。自身素质取决于成长环境，取决于教育环境和受教育程度。一时的主动进取，不会有素质上的显著提高，这是一个日积月累、厚积薄发的过程。多读点书，少看点电视，这没有错；少说一己之言，多听众家之长，这也没有错；琴棋书画，陶冶情操，同样没有错。总之，自身素质不是一蹴而就的，也不是表面现象。怀一颗善良心，多行善良之举，这是根本。

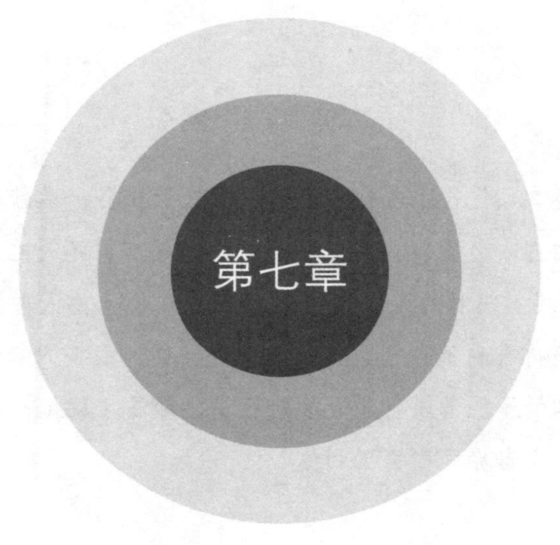

世界强烈需要利他心

所谓“利他之心”，简单来说就是“奉献于社会，奉献于人类”的愿望。其实，人的内心之所以充满至深至纯的幸福感，不是在满足自我，而是在满足“他人”。聪明的人应该能注意到，奉献于他人并不仅仅只对他人有利，终究还将有利于自己。然而如今的世界，很多人都走在了自私自利的道路上。如果不能悬崖勒马、险处止步，那注定就是一条“不归路”。从这个意义上讲，世界强烈需要利他心！

英雄与圣贤的根本区别

很多人混淆了英雄与圣贤的区别，认为英雄就是圣贤，圣贤就是英雄，两者不过是一个意思两个名词而已。其实，这两个概念是有区别的。搞明白这一点，能够帮助我们更深入地理解这个时代，也是我们为人处世的大问题。

1. 英雄和圣贤的概念与内涵

英雄，是指本领高强的人，也指不怕困难、无私忘我而令人敬佩的人。英雄是一个比较主观的概念。一般是指在普通人中间有超出常人的能力的人，他们能够带领人们做出巨大的对人们有意义的事情，或者他们自己做出了重大的事情。

“大江东去，浪淘尽，千古风流人物”，许多“风流人物”的生命早已消逝，但他们的故事却至今传诵，他们的精神永放光芒。誓欲“收拾旧山河”的“民族英雄”岳飞、“未出茅庐而天下三分”的智慧化身诸葛亮、“宁为玉碎，不为瓦全”的抗战将领吉鸿昌……这些人都是英雄。

习近平同志在“纪念中国人民抗日战争胜利 70 周年”的讲话中说：“‘天地英雄气，千秋尚凛然。’在近代民族复兴的和平变革时期，也同样涌现出如康有为、梁启超、孙中山、何子渊、陈嘉庚、钱学森、邓稼先、同盟会、爱国华侨团体等大批民族英雄和英雄团体。无论工人、农民、知识分子、军人、商人，还是海外华侨，他们中间都涌现出大批民族英雄，他们为中华民族的独立与自由、利益与安全、尊严与荣誉无私奉献、无怨无悔。”

时代发展到了今天，英雄的意义被不断发扬光大。涌现出无数的抗洪英雄、抗震救灾英雄、搞冰灾英雄、带领广大人民发家致富的劳动模范、见义勇为英雄……在2008年汶川那场特大地震灾害中，就涌现出许许多多诸如张米亚老师、蒋小娟女警等无数的有名或无名的英雄，他们是新时期最可爱的人。雷锋、张海迪、焦裕禄、孔繁森、任长霞……这些名字都已被时代铭记，并激励着一代代后来人。

何为圣贤？在儒学的信仰之中，生命的境界被分为圣人、贤人、君子、士人、庸人。圣贤即是圣人与贤人的合称，指品德高尚，有超凡才智的人。通常是指被认为实践了儒学生命价值观的贡献历史和社会的人物。如“至圣”孔子、“亚圣”孟子、“复圣”颜渊、“宗圣”曾子、“述圣”子思。

在早期的“三代”文化中，圣贤就是“圣王”，就是尧、舜、禹、周公。他们不仅是奠基和引领思想文化方向而“为万世立法”的人，也是实际地能够“博施于民而能济众”（《论语·雍也第六》），带给天下健顺的秩序和福祉的人。或者我们可以这样说，他们通过不断积累、探索、完善、继承和开创，用经验、思想、文化和制度去治理天下，并受到天下人永世敬仰的人。

从英雄和圣贤的概念与内涵来看，二者都是卓越人物的尊号，不过还是有区别的：

圣贤侧重文化及精神领域，主要指道德和文化修养上达到孤高的造诣，足为后世师；英雄侧重的是对现实的改变和对历史的推动作用。圣贤是“全时代”的，英雄一般只属于他所处的时代；圣贤因为其教化的力量世代长存，英雄一般只是对他所处时代有贡献，放在后世，不一定成为英雄。圣贤是面形成，英雄是点形成。圣贤对人的要求比英雄更高。没有超出常人所长的优势是成不了圣贤的，长期的积淀成就圣贤，而英雄可能只因为某种态度或行为就得到尊敬。

2. 见贤思齐，做时代英雄

圣贤不是为己，圣贤是放下了自己，是为公，是真的为了黎民百姓，为了天下苍生能过上好日子。圣贤是没有私心的，正因为他没有私心，他才能把众生的心——公心当作自己的心，看看众生需要什么，尽量去帮助众生、满足众生的愿望。这种有才德的人，我们应该学习，是所谓见贤思齐。

关于圣人，庄子曾经说过："举世誉之而不加劝，举世非之而不加沮。"真正的大圣人，毁誉不能动摇。全世界的人恭维他，不会动心；称誉对他并没有增加劝勉鼓励的作用；本来要做好人，再恭维他也还是做好人。全世界要毁谤他，也绝不因毁而沮丧，还是要照样做好人。这就是毁誉不惊，甚至到全世界的毁誉都不管的程度，这是圣人境界，大丈夫气概。

南非独立后的首位总统曼德拉，当总统前因为反对种族歧视与隔离政策，动辄成为政治犯，大多数岁月都是在监狱中度过的。

有一次，他女儿去探监，发现了一个奇怪的现象：监狱的看守倚在墙角边，仿佛犯人一样，被失掉自由的无望和颓唐折磨得愁眉不展、垂头丧气；而曼德拉则又是看书写作，又是锻炼身体，精神十足，谈笑风生，似乎不像是在坐牢，而是在充满愉快与幸福地享受有滋有味的生活。看守与犯人这个完全错位的对比太不可思议了，让曼德拉的女儿惊奇不已，不知置身何处。

有人说，这是曼德拉坚强意志的表现。其实，光有坚强的意志不会如此乐观，正是高超的境界，让曼德拉超越了人生的磨难与不幸。这是缺乏境界的人难以完全领悟的。

也有人说，一般的人难以达到曼德拉的境界，因为曼德拉健在时就已经进入伟人行列了。但是，曼德拉原来也是一般的人，没有什么伟大的人一开始就是伟大的。其实，难以达到也不等于不能达到。曼德拉一开始时，也可能认为自己是难以达到的。只要我们真诚地放下那些自私自利的念头和卑微琐屑的欲望，唤醒内心潜藏的为众生服务的博大精神，我们就完全可以达到曼德拉的境界。

见贤思齐，只要我们知道了方向，就有了下功夫的基础和方法，就可以做时代英雄。当今时代的英雄，除了有过人的本领外，还必须有美好的心灵、健全的人格，能成为我们的精神支柱。正所谓无私忘我真英雄！并且“英雄不问出处”。无论你是富人还是穷人、男人还是女人，只要在关键时刻为真理而战，就可以成为英雄，并受到人们的爱戴和尊重。

什么时代，都需要英雄。现代人追求卓越，渴望出人头地，渴望得到更多的认同、更大的成功，所以需要有英雄榜样的激励。中国在整个世界格局中正处于一个蓬勃发展的时期，正是一个需要英雄，呼唤英雄，也能产生英雄的大时代。这是一个造就英雄的时代。创造财富神话的马云是英雄，实现中国人飞天梦想的杨利伟是英雄，奋斗在改革一线的人民公仆更是英雄……

现在的英雄，其实就在普通人中间，只要你去慢慢品析它，慢慢挖掘它，就会发现——英雄，无处不在。

利他心乃是善的本质

如果要问，善是什么呢？简单地说，善就是利他，利他就是行善，只有通过利他行为才能真正地体现出善来。而且，只有善心才能产生善行，只有善心善行才能产生美好的结果。

1.“利他”的本质及其价值

利他，是一种不图回报的助人为乐行为，也是一种亲社会行为，其理念来源于《道德经第八章》：“上善若水，水善利万物而不争。”随着现代社会文化向中国传统文化的回归，儒家思想、道家思想受到越来越多人的欢迎，尤其是一些企业家在对自我人生价值的探寻、定位和重塑上，逐渐回归中国哲学，“利他文化”便被越来越多的人推崇。

利他文化包含了利他之本、利他之心和利他之行。利他之本强调的是，一个人首先要有社会价值，才有自我价值，在社会价值没有得到社会的认可或没有得到最大的表现，是无从谈自我价值的；利他之心就是心有善念、内心强大，用你的能力去帮助别人，并且让获得帮助的人内心平静、坦然，也就是善行不求回报，因为求回报的善行会给被帮助的人造成负担；利他之行就是敢于牺牲自己的一切，总是去帮助别人，自动自发地去帮助别人。

利他的价值在于，它不仅让他人受益，也让自己上升到了一个崭新的境界，同时还在滋养着社会人心，渐渐拉升着道德水准。

> 苏霍姆林斯基，苏联伟大的教育家，几乎一生都在学校里做教师和校长。有一年冬天的早晨，他看见一个女孩子正在学校的暖房里采一朵菊花。这是整个暖房里最大最漂亮的一朵花，被同学们称为“快乐之花”。而且学校已公布了严明的纪律，任何人都不得损坏任何一朵花。
>
> 这个小女孩好像旁若无人的样子，仿佛学校的规定她从来就没有听说过。苏霍姆林斯基一边在心里想着问题，一边向小女孩身边走过去。苏霍姆林斯基走到小女孩身边，望着她那无邪、恳请的目光，首先询问她为什么采花。小女孩回答说，她奶奶病重，她想给奶奶采一

朵鲜花，使奶奶得到一些快乐，也好让奶奶早些恢复健康。苏霍姆林斯基深受感动，他的眼睛湿润了。于是做出了如下的处置决定——他对小女孩说："季娜（小女孩的名字），你再采三朵花，一朵给你，为你有一颗善良的心；另外两朵送给你的父母，为他们教育出了一个善良的人。"

我们都听过"教师是太阳底下最光荣最伟大的职业"这句话，但究竟如何光荣如何伟大，却并不太清楚。看了苏霍姆林斯基的工作点滴，我们便有了一个非常具体的感知：原来教育是如此不拘一格，如此动人心魄的工作！

2. 学习借鉴稻盛和夫的"思利他"

日本"经营之圣"稻盛和夫的经营哲学中，有一项叫"积善行，思利他"。比如，当一个面临困难的人，向你借钱，你是借还是不借？稻盛和夫认为把钱借给那些只知道挥霍的人，是作恶，而不是积善，因为你帮助了一个恶棍，他会用你的钱继续祸害这个社会，所以你并不是在积善。如果要帮他就要首先了解他的经营状况，看看他面临困难的真正原因，如果不是钱能解决的问题，就坚决回绝他。

当面对那些可能会因为借钱伤害感情的借钱时，稻盛和夫给了我们一个全新的借钱方案，那就是，借出去的钱，就别打算要，这样的话，你的心理上就不会有那么多的烦恼了。说的也是，如果每天老想着那些该还我钱的人，心里一定会很糟糕，还不如这样想，不是借给他，而是送给他。一个"送"字把所有的问题都解决了。当然，积善行不仅仅表现在借钱上，这里主要强调"思利他"，只有思利他才会有积善行。

稻盛哲学的本质就是"利他"。按照利他法则，比如你对员工好了，员工就会更努力地工作；就会给客户提供价廉物美的产品和服务；最终企业会受益。出发点是利他，结果是利他也利己。稻盛哲学中的“思利他”是经营管理学上的一种最高境界。

在外部管理方面思利他，就是对于自己的客户，要时时刻刻考虑客户的利益和不便，替客户着想，让商品或服务无处不体现利他的一面，那这种商品或服务自然会受到客户的欢迎，这样一来，我们自己的企业也才能跟着受益。

在内部管理上思利他，就是对待上级或下级，都要有种利他心，工作才能顺畅地进行下去。而一味地只考虑自己，那多半工作很难推进。对待下级，要体谅他的难处，了解他的困难，而不是把工作分解下去不闻不问，这样做只会让下级感到无助，最后工作没有做好。如果我们主动帮下级，既体现了一种关怀，又体现了利他心，让下级感到上级是在帮他，这么做有利于他工作的开展，那何愁工作没有积极性？对待上级，更多地体现在工作目标上，上级给了任务，不能只看目标，更多的要看上级在实施这个目标时的考量，在实施目标的过程中要及时把问题反馈给上级，以便上级随时修改目标，如果不考虑这些问题，等干到最后，失败了好像与自己无关，是上级指挥的问题，但恰恰也说明你不是一个称职的下级。反之，如果充分考虑这些问题，成功了，上级自然会了解在工作中的每个人的情况，失败了，上级也至少会明白，你曾经为了这个目标而努力工作过。

别人不是我的地狱

法国的存在主义哲学家萨特有一个著名的论断：“他人即地狱。”有不少人是信奉这一点的。现实中，社会关系、工作的同事、活动的团体甚至婚姻家庭中，常常会体验到这种苦，怨恨的人却要结成团体去做事，那种心理，很有可能会产生“他人即地狱”的感觉。于是，便时不时地来思考这句话。

1. 从“囚徒困境”到企业管理，说明别人不是我的地狱

博弈论中经常讲到一个“囚徒困境”的案例。说甲乙两个人一起带枪作案，结果被警察发现抓了起来。警方怀疑，这两个人可能还犯有其他重罪，但没有证据，于是分别审讯。为了分化瓦解对方，警方告诉他们，如果主动坦白，可以减轻处罚；如果顽抗到底，一旦同伙招供，你要不招供就要受到严惩。当然，如果两人都坦白交代，两人还要受到惩罚，只不过比一人顽抗到底要轻一些。在这种情形下，两个囚徒都会做出自己的选择：或者供出他的同伙，即与警方合作，从而背叛他的同伙；或者保持沉默，也就是与他的同伙合作，而不与警方合作。这样会出现以下几种情况：如果两人都不坦白，警察会以非法携带枪支罪将二人各判刑一年；如果其中一人招供而另一人不招供，坦白者作为证人将不会被起诉，另一人将会被判 20 年；如果两人都招供，则两人都会因罪名各判 10 年。

那么，这两个囚徒面对这样的情况会怎么办呢？也就是他们应该选择互相合作还是选择互相背叛？从表面上看，他们应该选择互相合作，保持沉默，因为这样他俩都可以得到好的结果——只判刑一年，这是“集体最优”的解决之道。但是他们不得不仔细考虑对方可能采取什么选择。这就是博弈论的所谓“你的决策或选择并不是孤立的，而是要建立在别人的决策或选择的基础之上，反之亦然”。于是，囚徒的困境就这样开始了。

假设甲乙两人都十分精明，而且都只关心减少自己的刑期，并不在乎对方被判多少年——请注意这个假设——认为人都是有私心的，那么，两人就会做出不同的推理。甲会这样推理：假如乙不招，只要我一招供，我马上就可以获得自由，而不招却要坐牢一年。显然招比不招好；假如乙招了，我若不招，则我要坐牢20年，而招了只坐10年，显然还是以招为好。所以无论乙招认还是不招认，我的最佳选择都是招认。还是招了吧。同样的，乙也是个精明与自私的人，也会如此推理。于是，两人都做出招供的选择。这对他们两个人来说都是最佳的，即最符合他们个体理性的选择。

依照博弈论的说法，这是本问题的唯一平衡点。只有在这一点上，任何一人单方面改变选择，他只会得到较差的结果。而在别的点上，比如两人都拒绝，都有一人可以通过单方面改变来减少自己的刑期。也就是说，对方背叛，你也背叛将会更好些。这意味着，无论对方如何行动，如果你认为对方将合作，你背叛能得到更多；如果你认为对方将背叛，你背叛你也能得到更多。你背叛对你似乎总是好的。这是一个令人寒心的结论。

为什么聪明的囚徒却无法得到最好的整体结果？两个人都招供，对两个人而言并不是集体的最优选择。无论对哪个人来说，两个人都不招供，要比两个人都招供好得多。当然这是以局外人的角度看，是能够跳出来不在其利益之中的角度看。那么我们不妨来分析一下。

第一，从个人利益的角度出发，“囚徒困境”不能达到集体最优解。当然这里指的并不是价值观意义上的最优解，而是数学模型意义上的最优解。也就是说，在双方没有合作、没有沟通的情况下，双方失去了达成集体最佳解的机会，而囚徒二人选择的出发点都是要实现每个人个人的最优解，结果事与愿违。这是我们的第一个发现，也是最容易看到的和最表面的发现。

第二，“囚徒困境”中的囚徒为什么达不成集体的最优解呢？因为这里有一个关于“坏人的假设”——所谓囚徒，一般都是坏人，他们要做坏事。这个假设看似很简单，其实不然。我们可以更广泛地看，人类的所有制度，上至国家法律，中到企业管理和公司规章，下至学校和幼儿园的课堂纪律，都是用来管坏人的，或者都是不让你去做坏事。

西方传统讲的是人的“罪恶说”或“原罪说”，而东方孟子讲的是人都“性本善”。“原罪说”与“性本善”，其实哪个也不错，人就是善恶同在的，“原罪说”讲的是人的来源，“性本善”可以看作是人的去处，道家讲人可以“返璞归真”，强调人心善是归途的开始，没有善，人就无从修。儒家讲教化，讲修身、齐家，儒家的善是提升、升华的潜质。因为有了善，人才能自我修炼即修身。所以，东西方思想实际上是两种不同的表述角度，但会产生两种不同的思想传统和行为方式。比如“原罪说”就会导致“惩罚说”。而东方传统更容易导致心灵“教化说”，更容易去激发人精神一面的作用。这就是西方彼得·德鲁克管理思想与东方稻盛和夫管理思想的主要差异。

至此，我们还发现了一个问题。那就是，企业的管理和公司的规章总是越做越复杂。管理本来应该是将复杂的事务简单化，现在却越做越复杂，为什么？其实企业管理也有一个基本假设，那就是管理就是为了管坏人的。坏人复杂，好人简单。于是管理越做越复杂，要把坏人钻到的所有空子都堵起来。如果这样的话，管理者就要预先考虑到各种可能性，那岂不是管理者要比坏人还坏吗？当然只是“考虑到”坏而非去做。事实上，管理越做越复杂，是企业一直以来的困惑，直到我们看到了稻盛和夫的“京瓷哲学”，按照做好人的方式（用稻盛和夫先生的语言叫作“做人何为正确”）经营企业、按照一个自我修炼者的方式也能打造出两家世界五百强之后，我们为之一振，眼前一亮。

中国古代兵法也讲，天道衰而兴仁义，礼仪衰而兴法治。用法管人是人心衰败的表现，你管得了肉体，未必管得了人心。坏人关键坏的是人心，而你却要管他的行为，行为只是结果，你却要惩罚他的肉体、惩罚他的行为。这似乎搞错了逻辑。当然，法律不应该以思想定罪，只能以行为定罪。但要改变坏人为什么不提高人心，只是惩罚肉体？其实唯有心性才能改变人，才能使人变好。

第三，关于人性或所谓理性的假设。在“囚徒困境”中，我们发现了这样的假设，那就是他们都很精明和自私。就是说人性等于自私的本性，或者说自私的本性等于坏人，无论甲乙都只考虑自己的得失，不考虑对方的刑期。坏人当然就是自私利己，无利他之心，甚至没有江湖义气的。但是，当自私被认为是人的理性的时候、是人性的时候，问题就出现了。

理性主义或个人的理性主义，都不强调精神作用，自然也不会有“善念”与“利他”。这里我们要说明的是，西方近代的理性传统是建立在对人性或人不信任的基础上的。所谓人性有两个方面，一个是善，一个是恶；一个是利他，一个是为己；一个是公心，一个是私心。前者是积极的、主动的、向上的、精神的、不确定的，后者是消极的、谨慎的、不冒险的、被动的、比较物质化的、比较确定的。所以，物质理性主义或机械理性主义就认为人性积极的一面是对理性主义的干扰，充满了不确定性，所以理性主义本质上认可了人性中比较物质性、比较确定性的一面，所以人的理性主义就成了人性恶或人性自私利己的一面。

关于人性与理性，按照实证科学的传统，人性被看作理性的对立面。这是西方二分法的传统，把精神贬低了之后再与物质性对立起来。西方方法论是分，东方是合，根本就不一样。西方的二分法讲精神在物质的对面而不是上面，而东方哲学观讲精神在物质的上面而不是对面。

所以说，别人是不是自己的地狱，不仅取决于别人，更取决于自己。我坚持讲一句话：即便全世界的人都去杀人放火了，也不等于杀人放火是正确的；即便全世界的人都去杀人放火了，我也可以选择不去杀人放火。

2. 不受干扰，做好自己

不受干扰，做好自己，最好的办法就是你得自信。相信自己是独一无二的人，是具有进步的正能量的人，积极主动地去做事，并在实践中升华自己，用自身的能量去感化周围的人。这样别人自然就无法干扰你了。

做到自信有很多方法，但最好的方法就是多去学习知识，多去充实自己，让自己更成熟，做事更高调，做人更低调。此外，自信和心态有很大关系。不要太在意别人对自己的看法，做自己就好了。如果很介意别人怎样看待自己，不如换个角度去思考和看待问题。没有一帆风顺的人生，只有坎坷曲折的路，走过了这个坎，就会看到前方的太阳。只有自信的人才能在面对他人的质疑时，坚持自己的观点。不要太情绪化，遇到对的人与事，要懂得沉淀自己，花于无声处绽放最美，人于宁静里凝香愈浓。

利己者生，利他者久

“利己者生，利他者久”这句话道出了一个处世哲理：使自己获利是生存的基本，使他人获利却能长久地受到他人的帮助和敬仰。许多人都想保护自己，不愿遭受点滴痛苦。但假如真想利益自己，最好的办法就是去爱护他人。

1. 只有利他，才能利己

习近平同志在“世界和平论坛”上指出：“一个国家要谋求自身发展，必须也让别人发展；要谋求自身安全，必须也让别人安全；要谋求自己过得好，必须也让别人过得好。”这是一个朴实的真理，这是一种善良的智慧：只有利他才能利己。

《道德经》曰：“天长地久。天地所以能长久者，以其不自生，故能长生。是以圣人后其身，而身先；外其身，而身存。非以其无私邪？故能成其私。”意思是，天地之所以能长久，是因为天地不只为自己生长而存在。天地无私的化育、繁荣万物。繁荣的万物又通过自身作用反过来改造天地。天地被万物不断更新，进而历久弥新，所以长生。这段话同样说明只有利他才能利己的道理。

我国有句古话，叫作“种瓜得瓜，种豆得豆”。在我们生活的环境中，你做好事，你不当看客；他做好事，他不当看客；大家都做好事，大家都不当看客。“与人方便，自己方便。”在方便他人的同时，自己也会感到方便；当自己遇到困难时，也就会有人伸出援助之手。同理，在现实生活中，也要像习近平同志所说的那样，“谋求自己过得好，必须也让别人过得好”。而自私的人，往往会自己筑起一道高墙，只为自己着想，只为自己做事，就等于把自己圈在了高墙内，有困难别人想帮忙都帮不上，把别人的路都堵死，将来自己有事又怎么能过得去？修路铺桥，并不都是为了别人，在很大程度上也是为了方便自己。

2. 克服自私心理，才能与人方便

“要谋求自己过得好，必须也让别人过得好”的道理不难理解，可是，让一个人这样高尚地为别人着想，得克服“谁先做好事谁吃亏”的想法，得克服自私的心理，才能将“与人方便”做到位。其实，做好事得到快乐，利他同样得到快乐。

孟子说：“爱人者人恒爱之。”高尚的道理，在于讲，更在于做。只有脚踏实地地将“要谋求自己过得好，必须也让别人过得好”这个善良的智慧变成实际行动，和平、发展、富裕、友爱、温馨，才会成为这个世界人们相处的“主旋律”。一人、一家、一单位、一地方、一国家、一世界，都是一个理。

我们要将“利他才能利己”这个真理，融进我们的工作、生活、与人相处中，大家才都能“过得好”。赠人玫瑰，手留余香。帮助他人不仅是精神升华的过程，更是赢得他人帮助的开端。我们在帮助他人的同时，也打开了合作之门，树立了自己的威信，满足自己生存之需。正所谓：利己者生，利他者久。

积善之家，必有余庆

被誉为“大道之源，群经之首”的《易经》中有两句著名的警句：“积善之家，必有余庆；积不善之家，必有余殃。”意思是，积善之家不但现在会获得善果，而且还会为子孙后代留下好报；而积恶之家不但现在会遭遇灾祸，而且还会为子孙后代留下灾殃。

1.“积善”与“积不善”截然不同

所谓积善，就是要经常做对人有利、让人开心、使人的生活质量有所提高的事情，比如捐赠、给人讲课、助人为乐、积极参加公益事业等。而积恶则是损害别人利益的行为，比如贪赃枉法、拖欠工资、抢劫杀人等。所有行善的人，必定是快乐相随，好事相随，心情开朗，家人健康长寿；所有作恶的人，必定是利欲熏心，铤而走险，都是在挑战法律的底线、挑战公众的道德神经，一定不会有好结果，或心中有鬼，惶惶不可终日，或锒铛入狱甚至受到最严厉的制裁。

有一句成语叫“狡兔三窟”，是用来比喻坏人为了逃避法律的制裁，而为自己准备的几个很隐蔽的地方，妄想做了坏事不受到惩罚与制裁。但是在现实生活中，这样的侥幸心理必定事与愿违，即使计划得再周密，最终也难逃公理乃至法律的惩罚。因为人间不是恶人能为所欲为的地方，是受到公理和法律制约的，顺应公理和法律获得平安与幸福，违背公理和法律必遭恶果，这是一个绝对的真理。

2. 善良，是心灵的指南针

撒哈拉沙漠又被称为“死亡之海”，进入沙漠的人常常有去无回。1814 年，一支考古队第一次打破了这个死亡魔咒。当时在荒漠中随处可见逝者的骸骨，队长总让大家停下来，选择高地挖坑，把骸骨掩埋起来，还用树枝或石块为他们立个简易的墓碑。但是沙漠中骸骨实在太多，掩埋工作占用了大量时间。队员们抱怨：“我们是来考古的，不是来替死人收尸的。”队长固执地说：“每一堆白骨，都曾是我们的同行，怎能忍心让他们曝尸荒野呢？”

一个星期后，考古队在沙漠中发现了许多古人遗迹和足以震惊世界的文物。但当他们离开时，突然刮起风暴，几天几夜不见天日。接着，指南针都失灵了，考古队完全迷失方向，食物和淡水开始匮乏，他们这才明白了为什么从前那些同行没能走出来。

危难之时，队长突然说：“不要绝望，我们来时在路上留下了路标！”他们沿着来时一路掩埋骸骨立起的墓碑，最终走出了死亡之海。在接受记者采访时，考古队的队员们都感慨：“善良，是我们为自己留下的路标！”

读了这个故事，人们就会明白：为什么进入沙漠者有去无回？是因为人在沙漠里迷失了善良的本性，被贪欲遮住了心灵与眼睛。这支考古队之所以能走出死亡之海，完全是队长善良的本性使然，动了恻隐之心，替人收骨埋尸，以使逝者不露骨于荒野，这在传统文化里是“积德”的行为，所以这支考古队最终得到了福报——有去有回。这就是善良带来的奇迹！

人在这个世界上生活，很容易被世间的名、利、情迷住双眼，苦心经营，甚至做了坏事不知悔改，还要为自己用尽心机留后路，殊不知，善良的本性才是我们的后路，经营善良，就是给我们自己留下的“路标”，让我们不迷失，很容易找到回家的路。在人生道路上，善良，是心灵的指南针，使我们的生命避免走向堕落败坏。

3. 积金、积书还是积德以遗后世

北宋政治家、史学家、文学家司马光在《家训》中曾说道：“积金以遗子孙，子孙未必能守；积书以遗子孙，子孙未必能读；不如积阴德于冥冥之中，以为子孙长久之计。”司马光的家训在今日而言，对很多为人父母者仍有积极的参考和借鉴意义。

“积金以遗子孙，子孙未必能守”的意思是，积累金钱财富留给子孙后代，子孙后代可能未必守得住。这里隐含的意思是，你即使积攒财富留给子孙，如果子孙不争气，也可能守不住家业。相反的意思就是，你不积攒财富给子孙，子孙如果争气，他们也能生活得很好。“积书以遗子孙，子孙未必能读”的意思是，积累收藏那些有价值的书籍，留给后世，后世子孙未必能认真阅读，汲取知识，进而安身立命。司马光觉得藏书很多，遗留后世，如果子孙不认真读书，也是没有用的。如果不留书给子孙，子孙认真学习阅读留藏的经典子集，前途还是很光明的。“不如积阴德于冥冥之中，以为子孙长久计”中的“阴德”指暗中做有德于人的事。行善而不求人知道的传统美德可能就源于此。有阴德的人，上天必将赐福于他。行善出于至诚，不是为了做善人而行善，没有期望获得福报的念头，默默无闻，坚持不懈地时时处处行善，这才是真的“积阴德”。这种阴德会对子孙产生深远的影响。

积德的人，上天会报酬他的德，而且他的德还会波及他的后人，荣耀他的子孙后代，以彰显他活在人世时的那些为人所知或为人所不知的道义事迹。比如，古时候穷乡僻壤的地方若是突然出了一个衣锦还乡的大人物，邻里乡党就会说：“他家祖上积了大德，所以子孙后代兴旺显达起来。”这就是阴德积德到子孙的证明。

在当代，人们都知道澳门前特首何厚铧及其事业上的成就，却很少有人知道他的曾祖父到父亲三代人行善积德的事迹。何厚铧生于名门望族，由于自小家教甚严，在他的身上，没有娇生惯养的富家子弟习气。

何厚铧的父亲何贤，号称“澳门王”，在澳门非常有影响力。何贤的祖父就是一位大善人，他年轻时就外出经商，经营得法，家境渐渐好了起来。何老先生乐善好施，谁家没饭吃，他送粮；谁家无衣穿，他送钱。在应塘一带，口碑极佳。因名声在外，闻讯与他做生意的人很多，他因此而生意兴隆。到他年老时，在生意上已很有成就。何家虽不能算富商巨贾，但在经济不甚发达的番禺，却堪称为殷实的小康人家。

何贤的祖父去世后，其乐善好施的做法仍然影响着子孙。何贤长大后，年轻时来到澳门创业，开拓了包括大丰银行在内的大批产业。何贤家族在澳门叱咤风云几十年，堪称澳门“第一家族”。而何贤做人处事的风格依然保持了祖辈的传统，就是一向保持“做人就是行善”的准则。何贤热心慈善事业，不仅出钱，而且出力，除维持镜湖医院的慈善活动外，还多次向同善堂捐助，以供施粥赠药之需。

1955 年 1 月 10 日，青州木屋区大火，2000 多人无家可归，澳门各界成立了“救济青州火灾灾民筹募委员会”，何贤成了会长。他带头捐了 55 间铁皮屋，又领着人们沿门劝募，不到一个月，就使灾民们有吃有住了。1962 年夏，澳门政府决定将一批租给贫民的房屋拍卖，而房屋一旦卖掉，原来的居民就要流离失所。又是何贤，自己出钱把居民安置了下来。这样的事情实在是太多了。

“家是最小国，国是千万家。”子女的身上，有着父母的影子；一个人的言行，体现家庭的素养。若是天下所有为人父母者和为人子孙者都能明白这个道理，可能天下会趋向于更加秩序井然。“积善之家，必有余庆”“不如积阴德于冥冥之中，以为子孙长久之计”……愿这些积极向上的家风遗训，渗进我们的血液，渗进我们的文化，净化我们的社会风气。

后　记

老子在《道德经》中说：“上士闻道，勤而行之；中士闻道，若存若亡；下士闻道，大笑之，不笑不足以为道。”老子强调的是：有悟性的人听说“道”后深信不疑，而且没有一点疑惑，认为它就是这么回事，并且勤勤恳恳、坚持不懈地去习练它、运用它；悟性不高的人听说“道”则有时将它放在心上，有时却忘得无影无踪；完全没有悟性的人，一听说“道”就大笑不止，认为荒诞不稽。其实，是否能够理解“道”，取决于个人的年龄、文化、修养、兴趣、爱好、悟性。那么，我们究竟要做上士、中士还是下士？那就仅凭自己的悟性了。

事实上，在社会这个大染缸里，我们每个人都会在不知不觉间沾染上各种毛病。但关键是“过而能改，善莫大焉”。能够把我们身上的毛病改掉了，这就是最大的善。如果我们每个人都能主动迁善改过，我们的社会道德水准自然就能够提升，人类社会的前途当然无限光明。那么，怎样做一个善于改过、积极向善的人呢？

美国心理学家威廉·詹姆斯说过：“20 世纪心理学上最伟大的发现就是，我们可以经由改变我们的心态，从而改变外部世界。”还有这样一句话，我们的阴影，都是自己挡住阳光造成的。既知阴影形成的原因，我们就能找到打开困惑的钥匙。这就需要从内因寻找摆脱困境的有效方法。由此我想到孔子和他的弟子的故事。孔子最喜欢的弟子是颜回，因为颜回最善于发现自己的毛病，而且也最善于改正自己的毛病。至于弟子曾参的“吾日三省吾身”、孔子本人的“过则勿惮改”，也都是讲这个意思的名言警句。

芸芸众生，背离天性的过与错，谁都有可能犯下。不要总是别人这也不对，那也不对，我们自己身上也有缺陷和弱点。我们很难改变别人，也没有这个必要，但我们完全可以改变自己。

让我们大家共勉！

作 者

2016 年 10 月